청삼아동연구시리즈 23

유아의 연령 및 발달에 적합한

초기 영어교육 프로그램의 실제

문혁준 · 서소정 · 강세향 지음

창지사

머리말

일반적으로 태어나서 처음으로 듣고, 말하고, 읽으며, 발현적으로 쓰게 되기까지 일련의 과정이 출현하는 유아기는 언어발달, 특히 모국어발달에 있어 매우 민감한 시기라고 한다. 이러한 유아기 언어발달의 중요성에 관해서는 이미 유아교육 분야에서의 연구를 통해 입증되어 왔으며, 축적된 연구결과들은 교육 현장에 적용되어 유아의 언어발달에 도움을 주고 있다. 그러나 최근 들어 국제화, 글로벌 시대에 경쟁력 있는 인재를 양성하는 차원에서 외국어능력이 더욱 중요시됨에 따라 학령 전 유아의 조기 영어교육에 대한 중요성이 시대 · 사회적 화두로 떠오르고 있다. 이는 2009년 초등학교 교육과정 개정안에서 영어교육 의무화 대상이 초등학교 1학년부터로 확대됨에 따라 효과적인 유아-초등 연계교육에 대한 사회적 관심의 반영의 결과이기도 하다.

2000년대 초반 이후부터 본격적으로 유아교육 분야에서 조기 영어교육의 실시 여부에 관하여 첨예한 찬반 양론이 대두되다가, 2008년 이명박 정부 출범 이후부터는 조기 영어교육 실시 여부에 대한 원론적인 논쟁에서 탈피하여 보다 실제적이고 효과적인 교수-학습법에 대한 논쟁이 뜨겁다. 이는 21세기 사회적 변화에 따른 유아기 조기 영어에 대한 학부모와 교육 현장에서의 높은 관심과 요구에도 불구하고 교육부나 관련 학계에서 이에 대한 분명한 태도나 구체적 지침을 명시하지 않았기 때문에 대부분의 교육 현장에서는 유아를 대상으로 음성적 조기 영어교육이 이루어진 것에 대한 자숙의 반향이기도 하다.

본서는 대표 저자가 2010년 청삼연구소에서 연구비를 지원받아 유아의 연령 및 발달에 적합한 초기 영어교육 프로그램의 실제를 소개하고자 2년에 걸쳐 단계적으로 진행했던 연구결과이다.

우선, 첫 단계에서는 유아가 모국어와 함께 외국어(English as Foreign Language, EFL)를 사용하는 것은 모국어의 상실 없이도 제2의 언어를 균형적으로 배울 수 있다는 전제하에 현재 유치원과 어린이집에서 영어교육을 받고 있는 유아를 대상으로 이들의 한글 및 초기 영어능력을 측정하여, 이 두 가지 언어발달에 영향을 미치는 다양한 변인을 탐색하였다.

본서의 Part 1의 내용은 주요 결과를 중심으로 구성되었다. 다음으로 전단계의 실증적 연구에 입각하여 본서의 저자들이 어린이집 생활주제와 유아의 연령 및 발달수준에 적합한 유아기 초기 영어 프로그램 실제를 개발하였으며 이를 시범적으로 현장에 적용한 주요 내용을 본서의 Part 2에 포함시켰다.

유아의 연령 및 발달에 적합한 초기 영어교육 프로그램이라는 연구주제를 선정하여 연구를 진행하는 데 있어서는 관련 학계 전문가의 학문적 관심에서 출발하였다기보다는 유아기 자녀를 둔 학부모가 되면서, 같은 연령대 자녀를 둔 학부모들과 함께 실제적으로 양육에 대한 개인적 차원에서 연구가 출발하였다. 주변에 범람하는 소위 영어 몰입교육을 실시하는 영어유치원(사설학원)에 보내지 않으면서도 국가적 수준의 유치원 교육과정 또는 보육과정 내에서도 모국어발달과 초기 영어 노출 경험 극대화라는 두 마리 토끼를 다 잡을 수 있지 않을까? 영어를 평생 즐기고 좋아하는 아이로 키울 수 없을까? 하는 관련 분야 전문가와 학부모 사이에서 고민과 성찰을 통한 경험의 산물이기도 하다.

특히 본서 Part 2의 교육 프로그램 실제 부분을 집필하면서 연구에 적극적으로 협조하고 참여해 준 강남구에 소재한 청담구립어린이집 만 2세~4세반 아이들과 학부모 그리고 보육교직원의 적극적인 지지와 협조에 다시 한 번 감사의 인사를 전하고 싶다.

본 연구결과에서도 입증되었듯이 유아의 모국어능력과 초기 외국어능력과는 의미 있는 상관관계가 있으며, 나아가 유아의 모국어능력과 초기 외국어능력은 각각 서로가 유의미한 영향력을 발휘하는 변인인 것으로 나타났다. 이는 더 이상 유아기 영어교육 실시 여부에 대한 양극단의 대립적 논쟁이 아닌, 보다 현실적이고 미래지향적인 관점에서 정책적, 제도적 방안이 모색되어야 함을 의미한다. 또한 가정과 기관에서의 유아의 모국어 및 초기 외국어능력을 지원하기 위해서는 부모와 교사가 가정과 기관에서 어떤 역할을 수행해야 하는가에 대한 숙제를 남긴다.

본 연구를 기획하고 수행하는 과정에서 참여한 연구자들의 다듬어지지 않아 거칠고 성글었던 열정의 씨앗이 이번 집필 과정을 통해 최종결과물로 어렵게 수확하게 된 것에 아쉬움과 감사함이 교차한다.

마지막으로 본서의 출간을 위해 연구비 지원을 제공해 주신 청삼아동문제연구소 측에 진심으로 감사의 인사말을 전하고 싶다. 또한 유아기 초기 영어교육 프로그램 실제 개발에 있어 초반 기획단계부터 함께 참여한 이현주, 강세미 그리고 원어민 교사(크리스탈) 선생님께 고맙다는 말을 전하고 싶다. 이들의 적극적인 노력이 없었다면 본서의 출간은 어려웠을 것이라고 생각한다. 출판과 편집을 기꺼이 맡아 주신 창지사 편집부에도 고마움을 전한다.

2014년 12월

저자 일동

contents

차 례

I 서 론

1. 연구의 필요성 및 목적

유아기는 발달적 관점에서 볼 때 다른 어느 시기보다 급속한 성장과 변화를 경험하기 때문에 매우 중요하다. 특히 이 시기에 유아에게, 언어의 사회적 기능을 올바로 이해하고 생활 속에서 이를 적절하게 사용할 수 있는 능력을 키워 주는 것은, 이후 보다 높은 수준의 언어수행능력과 기초 학업수행능력 발달에 있어 시금석이 된다.

최근 국제화, 세계화 흐름 속에서 국가 경쟁력 강화의 일환으로 공용어의 하나인 영어 사용 능력의 중요성이 강조되고 있다. 특히 초등학교 저학년 영어교육이 의무화됨에 따라 영어에 대한 사회 전반적 관심은 유아기로까지 하향화되어 관련 학계나 교육 현장에 조기 영어교육 실시에 대한 논란을 야기시키고 있다. 가장 최근 전국을 대상으로 이루어진 유아기 조기 영어교육 실태에 관한 전수조사(육아정책연구소, 2010) 결과에서도 나타난 바와 같이, 4세 미만의 어린 연령의 자녀를 둔 대부분의 부모들이 사립 영어학원, 가정방문 영어학습지, 교육용 온라인 또는 미디어, 해외 조기 어학연수 등 다양한 형태와 경로를 통해 가정에서 영유아기 자녀를 위하여 조기 영어교육을 실시하는 것으로 보고되었다.

조기 영어에 대한 부모의 관심과 지원은 유아교육 현장에도 많은 영향을 미치어, 유치원 및 어린이집을 대상으로 설문에 응답한 대다수의 유치원 및 보육교사들은 관련 현장에서 외부 전문가에 의해 특별활동의 일환으로 조기 영어교육을 실시하는 것으로 보고하였다(Seo & Moon, 2012; 정경아, 2009). 서소정과 문혁준(2012) 연구에 참여한 대다수의 유아 및 보육교사들은 조기 영어교육의 중요성을 높이 인식하고 있는 것에 비해 유아의 발달에 적합하고 효과적인 조기 영어교육 방법이나 교수법에 관해서는 개별 교사의 개인적인 성향이나 배경 등에 따라 상당한 차이를 보이는 것으로 나타났다. 이러한 결과는 국가적 수준, 즉 누리교육과정이나 표준보육과정에서 유아기 영어교육에 관련한 내용이 전혀 명시되어 있지 않은 현실이 잘 반영된 것이라고 볼 수 있다.

조기 영어교육을 시작하는 것이 바람직한 것인가? 만약 시작한다면 어느 시기가 적기인가? 조기 영어교육의 효과적인 접근방식은 무엇인가? 등 유아기 조기 영어교육과 관련된 논쟁은 여전히 진행 중이다.

지금까지 유아를 대상으로 이들의 조기 영어교육과 관련해서 이루어진 선행연구의 흐름을 요약해서 살펴보면, 크게 다음과 같이 세 가지로 구분된다. 첫째, 조기 영어교육의 찬반논쟁이 시작된 2000년대 초기에는 조기 영어교육의 실태 및 현황에 관한 연구(김선아, 2002; 김성민, 2003; 신동주, 2004) 및 유아기 영어교육의 필요성(노태용, 2002) 및 교사와 학부모 인식에 관한 연구(김정애, 2004; 김진희, 2006) 등이 연구의 주를 이루었다.

이 시기에 이루어진 대부분의 연구들은 유아기 영어교육의 실태 파악을 통해 학부모의 조기 영어교육의 효과에 대한 과도한 기대와 요구에 편승하여 사교육 시장에서 음성적으로 이루어지고 있는 조기 영어교육을 비판하였다. 그러나 대부분의 선행연구들은 사회적 담론 수준에서 관련 주제에 대한 실태 파악에 그치고 있어 조기 영어교육의 효과를 입증할 만한 이론적 또는 실증적 근거를 제공하지 못하는 점에서 연구의 제한점이 있다.

그 다음으로는 조기 영어교육의 효과를 검증하고자 하는 노력도 시도되었는데, 우남희, 서유헌, 강영은(2002)은 조기 영어교육 사전경험이 전무한 만 4세 유아 10명과 7세 유아 13명을 대상으로 8회에 걸쳐 영어교육을 실시한 후 두 연령 집단

간의 조기영어능력(EFL)을 비교한 결과, 집단 간의 유의미한 차이가 나타나지 않았다고 보고하였다. 우남희 등(2002)의 연구는 원론적으로 조기 영어교육 실시에 반대론적 입장을 지지하는 것이나, 표집상의 제한점 등으로 인해 연구결과를 일반화하는 데 있어서는 여전히 문제점이 있음이 지적되고 있다.

이전까지는 사회적 담론 수준에서 유아기 조기 영어교육의 실시 여부에 관한 찬반논쟁이 연구의 주를 이루어 왔다면 최근에 들어서는 이중언어(bilingualism), 제2언어 습득(second language acquisition), 그리고 제2언어로서의 영어(English as a Second Language, ESL)와 외국어로서의 영어(English as a Foreign Language, EFL)와 같은 각 용어에 대한 개념적 차이를 인식하고, 이를 바탕으로 모국어발달 간의 관계를 규명하고자 하는 연구들이 이루어지고 있다. 그 대표적인 연구로는 이중언어 경험과 모국어의 상위언어능력에 관한 연구(남혜경, 2003; 장유경, 엄윤주, 2003; 조희숙, 이연선, 2005), 유아 및 가정 환경적 특성과 유아의 외국어로서의 영어능력(정경아, 2009; 황혜신, 2004), 모국어능력과 외국어로서의 영어능력과의 관련성에 관한 연구(이귀옥, 우남희, 2008; 정경아, 2009; 황혜신, 황혜정, 2001) 등을 들 수 있다. 대부분의 연구에서는 유아기 모국어능력, 특히 상위언어능력과 외국어로서의 영어능력 간에는 유의미한 관련성이 있는 것으로 일관성 있게 보고되었다. 이러한 결과는 우리의 EFL 환경에서 제2언어적 입력 및 자극이 효과적으로 제공된다면 모국어능력이 외국어 학습에서 개념적 발달을 긍정적으로 유도할 수 있는 매개체의 역할을 할 수 있는 가능성을 시사한다. 또한 모국어 및 외국어능력발달에 영향을 미칠 수 있는 다양한 변인들을 탐색하고, 이들 간의 역동적인 관련성을 규명할 수 있는 체계적인 연구의 필요성이 제기된다.

지금까지 이루어진 관련 연구의 동향을 정리해 볼 때, 유아기 조기 영어교육 실시 시기, 방법 및 효과 등에 관하여 여전히 연구자들 간에 논쟁이 이루어지고 있다. 또한 유아기 조기 영어교육에 대한 높은 사회적 관심과 요구에도 불구하고 정부의 관련 부처나 학계는 유아 영어교육에 대한 분명한 태도나 구체적 지침을 명시하고 있지 않아서 대부분의 교육 현장에서는 조기 영어교육이 음성적으로 실시되고 있다. 특히 관련 학계에서조차도 유아기 조기 영어교육 실시 여부에 대한 찬반양립의 대립각을 세우는 현실에서, 일부 찬성하는 입장을 보이면서도 유아의 발달적 특성에 적합한 효과적인 교육방법에 대한 합의점을 도출하기에는 어려운 실정이다. 유아기 조기 영어교육 실시 및 이에 따른 효과적인 교육방법을 모색하는 데 있어 언어학이나 TESOL 등 일부 특정 학문분야에서 '조기 영어교육'과 관련된 논제가 편중되어 다루어져 왔으며, 실증적인 연구들이 절대적으로 부족한 실정이다(마송희, 2008). 더 나아가 일부 선행연구가 있기는 하지만 사회적 담론의 수준에서 유아교육기관에서 조기 영어교육 실태파악이나 현행 조기 유아교육 방법이나 교수법이 가지고 있는 문제점을 조명(마송희, 2008; 우남희 외, 2002; 우남희, 이종희, 1996)한 수준에 그치고 있다.

이에 본 연구에서는 기존의 조기 유아교육에 대한 찬반론적인 논쟁에서 탈피하여 '유아의 연령 및 발달에 적합한 초기 유아 영어교육' 이라는 논제가 내포하는 본연의 의미에 충실하고자 한다. 따라서 체계적인 실증적 연구를 통해 도출된 결과를 바탕으로 '유아기 영어교육' 이라는 주제에 대하여 보다 새로운 관점에서 접근하고자 한다. 즉, 표준보육과정의 생활주제와의 연계성을 가지고, 언어의 제 영역을 포함하여 타 영역과도 통합된 유아기 바람직한 영어교육 프로그램의 실제를 소개하고자 한다. 이는 2009년 제9차 교육과정 개정안의 일환으로 초등 저학년(1학년) 영어교육 확대 실시 정책과 더불어 효과적인 유아-초등 연계교육의 연장선상에서 조기 영어교육의 문제를 우리 사회의 중요한 화두로 받아들이고 그 해결책을 적극적으로 모색하고자 하는 시도에서 출발하고자 하는 것이다. 따라서 본 연구는 다음의 주요한 전제를 가정(곽아정, 1993; 윤학태, 1997; 정경아, 2009)으로 한다.

첫째, 본 연구는 유아기 외국어(EFL)를 사용하는 것은 유아가 모국어의 상실 없이도 다른 언어를 균형적으로 배울 수 있다는 균형적 이중언어(balanced bilingual)의 관점을 지지하며, 아울러 두 가지 언어를 모두 잘 구사하는 유아가 단일 언어를 사용하는 유아에 비해 인지, 상위인지, 사회 언어가 우수하다는 부가적 이중언어(additive bilingualism)의 경험에 초점을 둔다.

둘째, 이러한 유아의 이중언어능력발달에는 유아의 개별 특성뿐만 아니라 유아를 둘러싼 다양한 환경 변수(부모, 가정 및 교육기관 등)들의 영향력이 역동적인 상호작용을 이루어 낸다. 유아의 이중언어능력발달에 영향을 미치는 변인들 간의 역동적인 상호작용의 결과는 유아의 모국어 및 영어교육을 실제 담당하고 있는 교사나 기관의 철학과 교수법에 의해 영향을 받을 수 있다.

상기 제시한 두 가정을 전제로 하여 본 연구는 두 단계에 걸쳐 연구를 진행하였다. 우선, 첫 번째 단계에서는 유아의 모국어능력 및 초기 영어능력에 영향을 미치는 다양한 변인들의 영향력에 관하여 탐색해 보고자 하였다. 특히 유아의 인구사회적 특성 변인을 포함하여 그들의 가정 및 교육기관에서의 부모, 교사의 영향력은 매우 중요한 변수이므로 이를 유아기 모국어로서의 한글능력과 초기 외국어능력과의 관련성을 검증하여, 이 두 언어능력과 관련된 다양한 변인들의 영향력을 규명하고자 하였다. 다음 단계에서는 유아기 모국어 및 초기 영어능력발달과 관련된 유아, 가정 및 교육기관 변인들을 고려하여 관련 현장에서 적용 가능하고 바람직한 초기 영어교육 프로그램의 실제를 개발하여 이를 소개하고자 하였다. 따라서 본 연구의 최종보고서는 실증적 연구 및 교육 현장 적용 사례를 통해 도출된 결과를 바탕으로 작성되었으며, 향후 유아기 영어교육을 위한 정책적, 제도적 접근방안을 마련하여 유아교육 현장과의 조합점을 모색하는 데 기초자료를 제공한다는 점에서 연구의 의의가 크다고 본다.

2. 연구문제

이상과 같이 유아기 연령과 발달에 적합한 초기 영어교육 프로그램 개발의 필요성에 입각하여, 본 연구에서 다음과 같이 두 단계에 걸쳐 연구를 진행하였다. 단계별 목적에 부합하기 위해 설정된 연구문제는 다음과 같다.

제1단계: 유아기 모국어 및 초기 영어능력발달과 관련된 변인들에 관한 연구: 가정 및 교육기관에서의 어머니 및 교사의 문해 지원을 중심으로

연구문제 1: 유아의 한글 및 초기 영어능력은 유아 및 어머니의 배경 변인, 가정과 교육기관에서의 어머니 및 교사의 문해 지원수준에 따라 유의한 차이가 있는가?

연구문제2: 유아의 한글능력 및 초기 영어능력발달과 관련된 변인들의 상대적인 영향력은 어느 정도인가?

제2단계: 유아의 연령과 발달에 적합한 초기 영어교육 프로그램의 실제의 구성은 어떠한가?

연구문제 1: 본 프로그램의 목표 및 내용체계의 구성은 어떠한가?

연구문제 2: 본 프로그램의 효과적인 운영을 위한 환경 구성 및 교수방법은 어떠한가?

part 1

유아기 모국어 및 초기 영어능력발달과 관련된 변인들에 관한 연구

: 가정 및 유아 교육기관에서의 어머니 및 교사의 문해 지원을 중심으로

Ⅱ 연구방법

첫 번째 단계에서 수행된 연구의 구체적인 연구대상, 연구도구 및 연구절차를 기술하면 다음과 같다.

1. 연구대상

본 연구에 참여할 대상은 서울에 소재한 유치원 / 어린이집에 재원 중이며 기관에서 특별활동 프로그램(English as a Foreign Language, EFL)으로 현재 조기 영어교육을 받고 있는 유아(만 3세~5세) 총 348명과 그들의 어머니-담임교사로 선정하였다. 본 연구에 참여한 연구대상의 특성을 유아, 어머니, 교사로 구분하여 살펴보면 다음과 같다.

본 연구대상인 유아의 인구사회적 특성은 제시된 〈표 1〉과 같다. 유아의 연령은 5세 79명(22.7%), 6세 119명(34.2%), 7세 150명(43.1%)이었으며, 유아의 성별은 남아 197명(56.6%), 여아 151명(43.4%)이었다. 유아의 한글교육 시작시기에 있어서는 6세가 127명(36.5%)으로 가장 많았으며, 2세 8명(2.3%), 3세 21명(6.0%), 4세 64명(18.4%), 5세 106명(30.5%), 그리고 7세 22명(6.3%)인 것으로 나타났다.

유아의 한글교육의 주요 방법은 가정방문 학습지가 156명(44.8%)으로 가장 높은 비율을 차지하였으며, 부모(친인척 포함) 26명(7.5%), 유치원(어린이집) 특별활동 44명(12.6%), 가정방문 학습지 / 교육기관(유치원, 어린이집) 122명(35.1%)이었다.

유아의 조기 영어교육 시작시기는 6세 132명(37.9%)으로 가장 많았으며, 2세 1명(0.3%), 3세 3명(1.0%), 4세 22명(6.3%), 5세 76명(21.8%), 7세 114명(32.8%)인 것으로 나타났다. 또한 유아의 조기 영어교육의 주된 방법을 살펴보면, 유치원(어린이집) 특별활동이 196명(57.7%)으로 가장 높은 비율을 차지하고 있었으며, 가정방문 학습지 60명(17.7%), 가정에서 시청각매체 활용 42명(12.4%), 사설 영어학원 12명(3.5%), 유치원(어린이집) 그리고 가정 30명(8.8%)으로 나타났다.

어머니의 인구사회학적 특성을 살펴보면, 어머니의 연령은 20세 이상 29세 이하 11명(3.2%), 30세 이상 39세 이하 296명(85.1%), 40세 이상 49세 이하 41명(11.8%)으로 나타났다. 어머니의 교육수준은 고졸 86명(24.7%), 전문대학 졸업 124명(35.6%), 4년제 대학교 졸업 114명(32.8%), 대학원 졸업 7명(2.0%), 그리고 무응답 17명(4.9%)이었다. 또한 가정의 월평균 수입은 300만 원 이상 400만 원 이하 122명(35.1%)으로 가장 높은 비율을 차지하였으며, 200만 원 이상 300만 원 미만 121명(34.8%), 400만 원 이상 500만 원 미만 52명(14.9%), 500만 원 이상 600만 원 미만 13명(3.7%), 무응답 20명(5.7%)이었다.

교사의 인구사회학적 특성을 살펴보면, 교사의 연령은 20세 이상 25세 미만 12명(8.6%), 25세 이상 30세 미만 79명(56.8%), 30세 이상 35세 이하 38명(27.3%), 35세 이상 10명(7.2%)으로 25세 이상 30세 미만 연령의 교사가 가장 높은 비율을 차지하고 있었다. 교사의 경력은 3년 이상 5년 이하가 89명(64.0%)으로 가장 많았고, 1년 이상 2년 이하 15명(10.8%), 5년 이상 35명(25.2%)이었으며, 학력수준은 전문대학 졸업(2~3년)이 61명(43.9%), 4년제 대학교 졸업이 78명(56.1%)이었다.

〈표 1〉 연구대상 유아의 인구사회적 특성

(*N*=348)

변인		구분	빈도(명)	백분율
유아 배경 변인	유아의 연령	5세	79	22.7
		6세	119	34.2
		7세	150	43.1
	유아의 성별	남	197	56.6
		여	151	43.4
	대상 유아교육 기관의 소재지	서울	185	53.2
		경기도	163	46.8
	자녀의 한글교육 시작시기	2세	8	2.3
		3세	21	6.0
		4세	64	18.4
		5세	106	30.5
		6세	127	36.5
		7세	22	6.3
	한글교육 주요방법 (중복응답)	가정방문학습지	156	44.8
		부모(친인척포함)	26	7.5
		유치원(어린이집) 특별활동	44	12.6
		가정방문학습지 / 교육기관 (유치원 및 어린이집)	122	35.1
	자녀의 조기 영어교육 시작시기	2세	1	0.3
		3세	3	1.0
		4세	22	6.3
		5세	76	21.8
		6세	132	37.9
		7세	114	32.8
	조기 영어교육의 주된 방법	유치원(어린이집) 특별활동	196	57.7
		가정방문학습지	60	17.7
		가정에서 시청각매체 활용	42	12.4
		사설 영어학원	12	3.5
		유치원(어린이집) / 가정	30	8.8

2. 연구도구

본 연구에서는 유아, 어머니 및 교사용 세 가지 차원으로 구성된 설문지를 수정, 보완하여 사용하였다. 본 연구에서 사용된 측정도구 각각에 대한 구체적인 내용은 다음과 같다.

1) 유아의 모국어(한글)능력 검사

본 연구대상 유아의 한글능력을 측정하기 위하여 한국판 「그림 어휘력 검사」(서울장애인복지관, 1995)를 사용하였다. 본 연구에 사용된 한국판 그림 어휘력 검사는 미국의 PPVT-R(Duun & Duun, 1981)를 참고로 개발되었으며, 이후 관련 선행연구(서소정, 2005; 이귀옥, 전효정, 박혜원, 2003; 정경아, 2009; 황혜신, 2004)에서 국내 2세~8세 아동들을 대상으로 이들의 수용 어휘능력을 측정하는 데 있어 어느 정도 타당성 있는 도구로 평가받고 있다.

본 「그림 어휘력 검사」는 2세 0개월~8세 11개월의 아동에게 적절한 112문항으로 구성되어 있으며, 본 척도의 채점 방법은 각 문항 1점씩 배정한다. 기초선이 확립되면 기초선보다 낮은 문항들을 맞은 것으로 간주하며, 최고한계선(8개 틀리면 멈춘다)이 확립되면 그보다 높은 문항들을 틀린 것으로 간주하여 원점수를 계산한다. 즉, 원점수는 '최고한계선－틀린문항수' 로 산출된다. 그로부터 백분위 등가연령을 산출할 수 있다. 검사 결과의 해석으로 백분위 점수(Percentile Score)는 얻어진 자료의 크기 순서로 늘어놓아 100 등분하는 값을 말한다.

유아교육 및 보육현장 최소 3년 이상 경험자인 동시에 현재 관련학과 대학원에 재학 중인 4명의 대학원생들이 연구대상인 만 3세, 4세, 5세 유아들에게 그림 어휘력 검사를 실시하였으며, 실시한 결과 산출된 원점수를 백분위 점수로 환산하여 자료분석에 사용하였다.

2) 유아의 초기 영어능력 검사

본 연구대상 유아의 영어능력을 검사하기 위해 정경아(2009)가 유아의 초기 영어능력을 측정하기 위하여 개발한 검사도구를 그대로 사용하였다. 정경아(2009)의 연구에서는 총 13개의 유아기 영아교육내용에 적합한 주제를 선정하여 유아의 초기 영어능력 검사도구의 측정 문항을 개발하였다.

이를 구체적으로 살펴보면, 제8차 유치원교육과정(교육인적자원부, 2006), 표준보육과정(여성가족부, 2006), 표준보육프로그램 개발연구(여성가족부, 2007), 서울시에 소재한 국공립 유치원 및 구립어린이집 각각 두 곳을 포함하여 총 4곳의 연간, 월간 및 주간 교육계획안, 현재 영어특별활동을 시행 중인 유치원 및 어린이집에서 사용하는 유아영어서적(Kinder dong-a, Zoo-phonics, Musical English, Bee-Bop, Kids Brown, Magic English), 노래와 챈트 리스트, 한솔, 대교, 삼성 등 현재 가정방문 영어교육을 시행 중인 출판사의 교재(예: 신기한 영어나라, 회화 교재인 Let' s go(Oxford), Magic time(Oxford), English time(Oxford), Backpack (Longman) 등을 근간으로 유아기 영어교육 내용에 적합한 총 12개의 생활주제를 포함한 총 13개의 주제를 최종적으로 선정하였다.

최종적으로 선정된 13개의 주제와 관련된 내용을 다시 유아의 연령과 발달적 수준을 고려하여 I 수준과 II 수준으로 구분하고 각 주제 및 내용에 따라 상대적으로 쉬운 문항을 먼저 배치하고 난이도 높은 문항을 마지막으로 배치하는 등 난이도 조절을 통해 13개 주제에 걸쳐 총 134문항으로 본 척도를 구성하였다.

본 연구에서 사용된 유아의 초기 영어능력 척도의 내용타당도를 검증하기 위하여 영유아 언어발달 및 유아교육을 전공한 교수 2인과 외국인을 위한 영어교육(TESOL)을 전공하고 최소 2년 이상 유아교육 현장경험이 있는 원어민 교수 1인에게 설문내용 구성 체계 및 내용의 적절성을 검증받아 최종적으로 보완하였다.

본 척도의 채점방법은 각 주제별 해당 문항에 있어 수용언어 및 표현언어에 각

각 1점씩 배정하였으며, 수용언어를 검사한 후 최소 1시간의 시간 간격을 두고 유아의 표현언어를 검사하였다. 점수범위는 수용언어 및 표현언어 각각 1~134점으로 분포된다.

3) 가정 및 교육기관에서의 어머니와 교사의 초기 문해발달 지원수준

본 연구에서는 가정 및 교육기관에서의 어머니 및 교사의, 유아의 초기 문해발달 지원수준을 측정하기 위하여 크게 세 가지 차원, 즉 ① 유아의 모국어 및 조기 영어교육 전반에 관한 인식, ② 유아의 모국어 및 조기 영어교육을 위한 물리적 환경구성 그리고 ③ 모국어 및 조기 영어교육을 위한 문해활동 참여로 구분하여 문항을 구성하였다.

(1) 어머니 및 교사의 유아기 모국어 및 조기 영어교육 전반에 관한 인식

어머니의 유아기 한글 및 영어교육에 관한 전반적인 인식을 알아보기 위해 신동주(2004), 김정애(2004), 김미나(2008), 정경아(2009) 등의 연구를 참고하여 본 연구의 목적에 부합되도록 수정, 보완하여 사용하였다. 이를 구체적으로 살펴보면, 가정에서의 어머니의 한글 및 영어교육 전반에 관한 인식을 알아보기 위해 한글교육 실시 여부 및 교육방법, 어머니가 판단한 자녀의 한글능력으로 3문항을 구성하였고, 영어교육 또한 실시 여부, 이유, 어머니가 판단한 자녀의 영어능력으로 3문항을 구성하였다. 영어교육에 대한 어머니의 인식을 알아보기 위해 어머니가 생각하는 적합한 영어교육기관, 한글과 영어의 관련성, 조기 영어교육 필요성 3문항을 구성하였다.

교사의 한글 및 영어교육에 관한 전반적인 인식을 알아보기 위해 어머니의 지원환경과 마찬가지로 신동주(2004), 김정애(2004), 김미나(2008), 정경아(2009) 등의 선행연구를 참고하여 본 연구의 목적에 부합되도록 수정, 보완하였다. 교사의 전반적인 인식을 알아보기 위해 한글교육에 대한 인식과 이유, 실시 여부, 담당 교사와 방법을 5문항으로 구성하였으며, 영어교육 또한 영어교육에 대한 인식과 이유, 실시 여부 및 횟수, 담당교사, 영어교육 후 복습 여부와 그에 대한 교사만의 영어교육 여부와 방법으로 8문항(예 / 아니오, binary response)을 구성하였다.

(2) 어머니 및 교사의 물리적 문해환경 구성수준(모국어 및 영어)

가정 및 교육기관에서의 물리적 문해환경 구성 정도의 측정을 위해 Fitzgerald, Spiegel, Cunningham(1991)의 질문지를 번안 수정하여 사용한 곽아정(1993), 정경아(2009)의 설문지를 그대로 사용하였다. 본 척도는 유아가 가정 및 교육기관에서 상호작용할 수 있는 물리적 문해환경, 예를 들면 한글 자 · 모음 모양의 블록, 한글 및 영어그림책 등에 대해 '없음', '거의 사용 않음', '가끔 사용', '자주 사용' 으로 평정하도록 되어 있는 5점 Likert식 척도로 점수가 높을수록 어머니 및 교사가 유아에게 한글 및 영어교육에 대한 상대적으로 높은 수준의 물리적 문해환경을 제공하는 것으로 해석된다. 한글 · 영어카드나 동화책, 블록, 테이프나 CD, 컴퓨터 등으로 총 14문항으로 구성되어 있다. 어머니 및 교사의 물리적 문해환경 구성수준에 관한 척도의 신뢰도(Cronbach' s α)는 각각 .83, .82로 나타났다.

(3) 어머니 및 교사의 문해활동 참여수준(모국어 및 영어)

우선 가정에서의 어머니의 한글 및 조기 영어교육에 대한 문해활동 참여의 척도는 곽아정(1993), 정경아 (2009)의 척도를 그대로 사용하였다. 각 문항은 상호작용이 '전혀 않음' 의 1점부터 '거의 않음', '가끔 한다.', '자주 한다.' 의 4점까지 평정하도록 되어 있는 Likert식 척도로 점수가 높을수록 어머니가 유아에게 한글 및 영어교육에 대한 활동적 지원으로 문해활동에 참여하는 것을 나타낸다. 본 척도의 문항의 예를 들면, 어머니가 가정에서 유아에게 주기적으로 한글그림책 / 영어그림책을 함께 읽어주기, 한글 / 영어로 의사소통하기, 한글 / 영어의 TV 및 온라인 매체 활용하기 등으로 총 12문항으로 구성되어 있으며, 본 척도의 신뢰도(Cronbach' s α)는 .87로 나타났다.

다음으로는 교사의 한글 및 영어교육에 대한 문해활동 참여의 척도는 곽아정(1993), 정경아(2009)의 척도를 참고하여 사용하였다. 본 척도의 구성내용은 교사가 유치원에서 유아들과 할 수 있는 활동들로 책 읽어 주기, 복습하기, 간단한 영어하기, 영어로 영역표기, 교구 자주 바꿔 주기, 영어 CD 자주 틀어 주기, 영어 활동지 하기, 인터넷을 활용한 영어교육하기 등으로 총 10문항으로 구성되어 있다. 각 문항은 교사-유아 간의 상호작용이 '전혀 않음' 의 1점부터 '거의 않음' , '가끔 한다.' , '자주 한다.' 의 4점까지 평정하도록 되어 있는 Likert식 척도로 점수가 높을수록 교사가 유아에게 한글 및 영어교육에 대한 활동적 지원인 문해활동에 참여하는 수준이 높은 것으로 볼 수 있다. 본 척도의 신뢰도(Cronbach's α)는 .89로 나타났다.

3. 연구절차

1) 예비연구

본 연구에 대한 질문지의 실시 가능성과 문제점을 파악하기 위하여 예비조사를 실시하였다. 예비조사에 앞서 전문가 자문(최소 2회)을 통해 측정 도구의 내용타당도를 검증하였으며, 본 연구대상 기관으로 선정되지 않는 유아교육기관에서 만 3, 4, 5세를 대상으로 각각 10명씩 총 30명을 대상으로 예비조사를 실시하였다. 그 결과, 측정도구의 안면타당도를 검증하였다.

2) 본 조사

예비조사의 과정을 거쳐 본 연구는 서울에 소재하고 현재 유아 영어교육을 실시하고 있는 유아교육기관 6곳에 재원 중인 만 3, 4, 5세 유아 348명과 그들의 어머니 그리고 담임교사를 대상으로 검사 및 설문조사를 실시하였다. 유아들의 한글 검사와 영어 검사는 관련 학과 대학원들로 구성된 연구원 4명에 의해 오전 및 오후 자유활동시간 등을 이용하여 1:1로 조용한 곳에서 최소 2~3차례에 걸쳐 검사를 실시하였다. 또한 부모 및 교사용 설문지는 유아들을 대상으로 검사를 실시하는 기간에 배부, 회수하였다.

III

연구결과

1. 어머니 및 교사의 유아기 모국어 및 조기 영어교육 전반에 관한 인식

1) 어머니의 유아기 모국어 및 조기 영어교육 전반에 관한 인식

먼저, 어머니의 한글에 대한 인식의 일반적 경향을 살펴보면, 자녀의 한글교육 여부에 대해서는 실시 264명(75.9%), 미실시 75명(21.6%), 무응답 9명(2.6%)이었다. 자녀의 한글 시작시기는 3세 미만이 160명(60.6%), 3세 이상 104명(39.4%)으로 나타났다. 또한 어머니가 판단한 자녀의 한글능력 수준은 '또래수준'이 177명(50.9%)으로 가장 높은 비율을 차지하였으며, '또래에 비해 아주 늦은 편' 5명(1.4%), '늦은 편' 99명(28.4%), '빠른 편' 52명(14.9%), '매우 빠른 편' 9명(2.6%), '무응답' 6명(1.7%)으로 나타났다.

한편, 영어에 대한 어머니의 인식의 전반적 경향을 살펴보면, 자녀의 조기 영어교육 여부에 대해서 '실시' 137명(39.4%), '미실시' 205명(58.9%), '무응답' 6명(1.7%)으로 나타났다. 자녀의 조기 영어교육 시작시기는 '3세 이상'이 90명(65.7%), '3세 미만'이 47명(34.3%)으로 나타났다. 조기 영어교육을 실시하게 된 주된 이유는 '부모님의 인식 및 필요성(시대적 흐름의 반영)'이 200명(57.5%)으로 가장 많았으며, '원의 영어교육 방침' 78명(22.4%), 무응답 32명(9.2%), '유아가 원해서' 22명(6.3%), '기타' 12명(3.4%), '주변의 권유' 4명(1.1%) 순이었다. 또한 어머니가 지각하는 조기 영어교육의 적합한 교육기관 및 장소는 '유치원(어린이집)'이 137명(39.4%)으로 가장 많았으며, '사설 영어교육학원' 65명(18.7%), '가정(학습지 및 매체 활용)' 74명(21.3%), '기타' 20명(5.7%), 무응답 52명(14.9%)이었다. 마지막으로, 어머니가 판단한 자녀의 한글과 조기 영어능력과의 관련성은 '관련 있음'이 184명(52.9%)으로 과반수임을 알 수 있었으며 '전혀 관련이 없음' 7명(2.0%), '관련이 없음' 38명(10.9%), '모르겠다' 56명(16.1%), '매우 관련이 있음' 50명(14.4%), 무응답 13명(3.7%)으로 나타났다.

2) 교사의 유아기 모국어 및 조기 영어교육 전반에 관한 인식

본 연구에 참여한 연구대상의 유아교육기관(유치원 및 어린이집) 담임교사의 한글 및 조기영어 실시 현황 및 인식의 일반적인 경향을 살펴보면, 한글교육(읽기 및 쓰기)의 필요성 여부에 대해서는 '예' 332곳(95.4%), '아니오' 16곳(4.6%)으로 유아교육기관의 절대다수가 필요하다고 인식하고 있는 것으로 나타났다.

한글교육이 필요한 이유로는 81곳(23.3%)이 '초등학교 준비로 인하여', 106곳(30.5%)이 '시대흐름 때문에', 105곳(30.2%)이 '유아기가 한글교육의 적기이기 때문'으로 응답하였으며 '원의 방침과 어머님의 요구'는 0곳으로 없었으며, '교사의 인식 및 필요성'이 56명(16.1%)으로 나타났다. 유치원의 한글교육 실시 여부는 '실시' 348곳(100.0%), '미실시' 0곳(0.0%)이었으며 한글교육 주 담당자는 '외부강사' 91곳(26.1%), '담임교사' 205곳(58.9%), '기타' 52곳(14.9%)으로 나타났다.

다음으로 교사의 조기 영어교육의 실시 현황 및 인식을 살펴보면, 조기 영어교육의 필요성 여부에 대해서 '예' 283곳(81.3%), '아니오' 65곳(18.7%)으로 나타났다. 조기 영어교육이 필요한 이유는 '시대흐름 때문'이 193곳(55.5%)으로 가장 높은 비율을 차지하였으며, '유아기가 조기 영어교육의 적기이므로' 37곳(10.6%), '어머님의 요구로 인하여' 21곳(6.0%)이었으며 '원의 방침과 초등학교 준비'는 0곳으로 전혀 없었으며 무응답이 97곳(27.9%)이었다. 유치원의 조기 영어교육의 실시 여부는 '실시' 348곳(100.0%), '미실시' 0곳(0.0%)으로 모두 실시하고 있었다.

유치원 조기 영어교육의 실시 횟수는 '주 1회' 26곳(7.5%), '주 2회' 31곳(8.9%), '주 3회' 182곳(52.3%), '주 4회' 88곳(25.3%), '주 5회' 21곳(6.0%)이었다. 유치원에서 조기 영어교육 담당자는 '외부강사' 211곳(60.6%), '원어민교사' 26곳(7.5%), '외부강사 / 원어민교사' 111곳(31.9%)이었으며, 담당교사가 조기 영어교육을 실시하는 기관은 없는 것으로 나타났다. 유치원에서 담임교사의 조기 영어교육 지원 교육내용의 복습 여부는 '예' 174곳(50.0%), '아니오' 105곳(30.2%), '무응답' 69곳(19.8%)이었다. 또한 담임교사의 조기 영어교육 실시 여부는 '실시' 106곳(30.5%), '미실시' 242곳(69.5%)인 것으로 나타났다.

2. 어머니 및 교사의 물리적 문해환경 구성 및 문해활동 참여수준 경향

1) 어머니의 물리적 환경구성 및 문해활동 참여수준 경향

어머니의 한글, 영어에 대한 문해활동 참여수준의 경향은 〈표 2〉와 〈표 3〉에 제시된 바와 같으며, 먼저 한글에 대한 어머니의 문해활동 지원수준을 살펴보면 다음과 같다. 각 하위요인별 1점부터 4점까지의 가능한 점수 범위 가운데 총점은 6~24점의 범위를 보였으며, 총 평균은 18.96(SD=2.36)이었다. 각 하위영역별 평균점수를 살펴보면, '그림책 함께 읽는다.' 3.72(SD=0.51), '인형극 / 뮤지컬 함께 보러 간다.' 2.53(SD=0.76), '레코드, CD, 비디오 매체를 통해 동화를 함께 듣는다.' 2.80(SD=0.85), 'TV에서 하는 유아교육 프로그램을 함께 시청한다.' 3.30(SD=0.73), '한글교육-방문학습지 내용 복습을 챙긴다.' 2.98(SD=1.00), '평소 자녀와 대화를 많이 나눈다.' 3.74(SD=0.47)인 것으로 나타났다.

또한 영어에 대한 어머니의 문해활동 지원수준은 총합 6~24점의 범위 가운데 총 평균은 14.88(SD=3.86)이었다. 하위영역별 평균은 '영어동화책 함께 읽는다.'

2.10(*SD*=0.92), '영어 관련 영상물, 비디오, CD 등 함께 시청한다.' 2.43(*SD*=1.01), '유치원 영어교재 CD를 함께 듣는다.' 2.66(*SD*=0.85), 'TV 영어교육 프로그램을 함께 시청한다.' 2.90(*SD*=0.86), '자녀의 특별 영어교육 프로그램 내용을 복습시킨다.' 2.64(*SD*=0.93), '일상적인 대화, 단어 / 문장을 영어를 사용하여 자녀와 대화한다.' 2.70(*SD*=0.91)이었다.

〈표 2〉 어머니의 한글에 대한 문해활동 지원수준

(*N*=348)

하위요인	점수범위 (최저~최고)	*M(SD)*
그림책 함께 읽는다.	1~4	3.72(.51)
인형극 / 뮤지컬 함께 보러간다.	1~4	2.53(.76)
레코드, CD, 비디오 매체를 통해 동화를 함께 듣는다.	1~4	2.80(.85)
TV에서 하는 유아교육 프로그램 함께 시청한다.	1~4	3.30(.73)
한글교육-방문학습지 내용 복습을 챙긴다.	1~4	2.98(1.00)
평소 자녀와 대화를 많이 나눈다.	1~4	3.74(.47)
총합	6~24	18.96(2.36)

〈표 3〉 어머니의 영어에 대한 문해활동 지원수준

(*N*=348)

하위요인	점수범위 (최저~최고)	*M(SD)*
영어동화책을 함께 읽는다.	1~4	2.10(.92)
영어관련 영상물, 비디오, CD 등 함께 시청한다.	1~4	2.43(1.01)
유치원 영어교재 CD를 함께 듣는다.	1~4	2.66(.85)
TV 영어교육 프로그램을 함께 시청한다.	1~4	2.90(.86)
자녀의 특별 영어교육 프로그램 내용을 복습시킨다.	1~4	2.64(.93)
일상적인 대화, 단어 / 문장을 영어를 사용하여 자녀와 대화한다.	1~4	2.70(.91)
총합	6~24	14.88(3.86)

2) 교사의 물리적 문해환경 구성 및 문해활동 참여수준 경향

먼저, 한글에 대한 교사의 문해환경 구성수준 경향은 각 하위요인별 1점부터 4점까지의 가능한 점수 범위 가운데 총점은 12~17점의 범위를 보였으며 총 평균은 14.83(*SD*=1.55)이었다. 각 세부항목의 평균점수는 한글자 · 모음 모양의 블록 / 글자모양 자석 1.77(*SD*=0.84), 낱말카드나 한글자 · 모음 카드 3.23(*SD*=0.64), 한글 동화그림책 3.83(*SD*=0.37), 유아용 컴퓨터 2.71(*SD*=1.00), 한글에 관련된 교수 3.30(*SD*=0.46)으로 나타났다〈표 4〉.

다음으로 〈표 5〉에서 제시된 바와 같이, 영어에 대한 교사의 문해환경 구성수준은 총점 5~17점 범위 가운데 총 평균은 11.29(*SD*=3.36)이었다. 세부항목을 살펴보면, 알파벳 모양의 블록이나 자석 2.30(*SD*=0.74), 영어단어카드 2.12(*SD*=0.92), 영어동화책 1.82(*SD*=0.83), 영어동요 CD 비치 2.71(*SD*=1.08), 영어 관련 교재교구 비치(활동지, 매칭 게임) 2.34(*SD*=0.98)이었다.

〈표 4〉 교사의 한글에 대한 물리적 문해환경 구성수준

(*N*=139)

하위요인	점수범위 (최저~최고)	*M(SD)*
한글 자·모음 모양의 블록 / 글자모양 자석	1~4	1.77(.84)
낱말카드나 한글 자·모음 카드	2~4	3.23(.64)
한글 동화그림책	3~4	3.83(.37)
유아용 컴퓨터	1~4	2.71(1.00)
한글에 관련된 교수	3~4	3.30(.46)
총점	12~17	14.83(1.55)

〈표 5〉 교사의 영어에 대한 물리적 문해환경 구성수준

(*N*=139)

하위요인	점수범위 (최저~최고)	*M(SD)*
알파벳 모양의 블록이나 자석	1~3	2.30(.74)
영어단어카드	1~4	2.12(.92)
영어동화책	1~4	1.82(.83)
영어동요 CD 비치	1~4	2.71(1.08)
영어관련 교재교구 비치 (활동지, 매칭 게임)	1~4	2.34(.98)
총점	5~17	11.29(3.36)

3. 어머니의 물리적 환경 구성수준에 따른 유아의 모국어, 영어능력 차이

1) 어머니의 물리적 문해환경 구성수준에 따른 유아의 한글 및 영어능력 차이

어머니의 물리적 문해환경 구성수준에 따라 유아의 한글 및 영어능력에 차이가 있는지를 알아보기 위하여 물리적 문해환경 구성수준 총점의 중심값보다 높은 상위집단과 낮은 하위집단으로 구분하여 t검증을 실시하였으며, 그 결과는 〈표 6〉과 〈표 7〉에 제시된 바와 같다.

유아의 한글능력에서는 어머니의 물리적 문해환경 구성수준에 따른 유의한 차이가 나타나지 않았지만(t=1.02, p>.05), 유아의 영어능력에서 어머니의 물리적 문해환경 구성수준에 따라 유의한 차이가 나타나(t=2.53, p<.05), 어머니의 물리적 문해환경 구성수준이 높은 상위집단(M=52.24, SD=25.54)의 유아가 낮은 하위집단(M=45.66, SD=22.34)의 유아보다 영어능력이 더 높은 것으로 나타났다.

〈표 6〉 어머니의 물리적 문해환경 구성수준에 따른 유아의 한글능력 차이

(N=348)

집 단	사례수	평 균	표준편차	t
상	174	54.62	22.87	1.02
하	167	52.20	20.78	

〈표 7〉 어머니의 물리적 문해환경 구성수준에 따른 유아의 영어능력 차이

(N=348)

집 단	사례수	평 균	표준편차	t
상	174	52.24	25.54	2.53*
하	167	45.66	22.34	

$^*p<.05$

2) 어머니의 문해활동 참여수준에 따른 유아의 초기 모국어 및 영어 능력발달 차이

어머니의 문해활동 지원수준에 따라 유아의 한글 및 영어능력에 차이가 있는지를 알아보기 위하여 문해활동 지원수준 총점의 중간값보다 높은 상위집단과 낮은 하위집단으로 구분하여 t검증을 실시하였으며, 그 결과는 〈표 8〉과 〈표 9〉에 제시된 바와 같다.

유아의 한글능력에서는 어머니의 문해활동 지원수준에 따른 유의한 차이가 나타나지 않았지만(t=0.29, p>.05), 유아의 영어능력에서 어머니의 문해활동 지원수준에 따라 유의한 차이가 나타나(t=2.06, p<.05), 어머니의 문해활동 지원수준이 높은 상위집단(M=51.37, SD=25.31)의 유아가 낮은 하위집단(M=45.93, SD=22.30)의 유아보다 영어능력이 더 높은 것으로 나타났다.

〈표 8〉 어머니의 문해활동 지원수준에 따른 유아의 한글능력 차이

(N=348)

집 단	사례수	평 균	표준편차	t
상	191	53.66	23.03	.29
하	150	52.99	20.65	

〈표 9〉 어머니의 문해활동 지원수준에 따른 유아의 영어능력 차이

(N=348)

집 단	사례수	평 균	표준편차	t
상	191	51.37	25.31	2.06*
하	150	45.93	22.30	

*p <.05

4. 교사의 물리적 문해환경 구성수준 및 문해활동 지원수준에 따른 유아의 초기 한글 및 영어능력발달 차이

1) 교사의 물리적 문해환경 구성수준에 따른 유아의 초기 한글 및 영어 능력발달 차이

본 연구대상 교사의 물리적 문해환경 구성수준에 따라 유아의 한글 및 영어능력에 차이가 있는지를 알아보기 위하여 물리적 문해환경 구성수준 총점의 중심값보다 높은 상위집단과 낮은 하위집단으로 구분하여 *t*검증을 실시하였으며, 그 결과는 〈표 10〉과 〈표 11〉에 제시된 바와 같다.

유아의 한글능력에서는 교사의 물리적 문해환경 구성수준에 따른 유의한 차이가 나타나(t=2.68, p<.01), 교사의 물리적 문해환경 구성수준의 점수가 낮은 집단(M=49.80, SD=18.74)보다 높은 집단(M=55.95, SD=24.05)의 유아의 한글능력이 더 높은 것으로 나타났다. 유아의 영어능력에서도 교사의 물리적 문해환경 구성수준에 따라 유의한 차이가 나타나(t=3.11, p<.01), 교사의 물리적 구성수준이 높은 상위집단(M=52.36, SD=25.97)의 유아가 낮은 하위집단(M=44.54, SD=20.88)의 유아보다 영어능력이 더 높은 것으로 나타났다.

〈표 10〉 교사의 물리적 문해환경 구성수준에 따른 유아의 한글능력 차이

(N=348)

집 단	사례수	평 균	표준편차	t
상	195	55.95	24.05	2.68**
하	153	49.80	18.74	

**p <.01

〈표 11〉 교사의 물리적 문해환경 구성수준에 따른 유아의 영어능력 차이

(N=348)

집 단	사례수	평 균	표준편차	t
상	195	52.36	25.97	3.11**
하	153	44.54	20.88	

**p <.01

2) 교사의 문해활동 참여수준에 따른 유아의 초기 한글 및 영어능력 발달 차이

본 연구대상 중 교사의 문해활동 지원수준에 따라 유아의 한글 및 영어능력에 차이가 있는지를 알아보기 위하여 문해활동 지원수준 총점의 중심값보다 높은 상위집단과 낮은 하위집단으로 구분하여 *t*검증을 실시하였으며, 그 결과는 〈표 12〉와 〈표 13〉에 제시된 바와 같다.

유아의 한글능력에서는 교사의 문해활동 지원수준에 따라 유의한 차이가 나타나(t=11.32, p<.001), 교사의 문해활동 지원수준의 점수가 낮은 집단(M=40.62, SD=19.60)의 유아보다 높은 집단(M=63.63, SD=18.26)의 유아의 한글능력이 더 높은 것으로 나타났다〈표 12〉.

유아의 영어능력 또한 교사의 문해활동 지원수준에 따라 유의한 차이가 나타나(t=6.17, p<.001), 교사의 문해활동 지원수준이 높은 상위집단(M=55.80, SD=22.74)의 유아가 낮은 하위집단(M=40.55, SD=23.22)의 유아보다 영어능력이 더 높은 것을 알 수 있었다〈표 13〉.

〈표 12〉 교사의 문해활동 지원수준(한글 및 영어)에 따른 유아의 한글능력 차이

(*N*=348)

집 단	사례수	평 균	표준편차	t
상	191	63.63	18.26	11.32***
하	157	40.62	19.60	

***p <.001

〈표 13〉 교사의 문해활동 지원수준(한글 및 영어)에 따른 유아의 영어능력 차이

(*N*=348)

집 단	사례수	평 균	표준편차	t
상	191	55.80	22.74	6.17***
하	157	40.55	23.22	

***p <.001

5. 교사, 부모의 인구사회적 특성, 한글 및 조기 영어교육에 대한 인식수준 및 물리적 문해환경, 문해활동 지원수준과 유아의 한글 및 초기 영어능력 간의 상관관계

교사와 부모의 인구사회학적 특성, 한글 및 조기 영어교육에 대한 인식수준 및 물리적 문해환경, 문해활동 지원수준과 유아의 한글 및 초기 영어능력 간의 상관관계를 살펴보기 위하여 적률상관관계 분석을 실시하였으며, 그 결과는 〈표 14〉에 제시된 바와 같다.

첫째, 유아의 한글능력과 주요 변인들과의 관계를 살펴보면 다음과 같다.

먼저, 교사의 배경 변인 가운데 교사의 인구사회학적 변인의 경우 교사의 연령과 부적 상관관계를 나타내어(r=−.139, p<.001), 교사의 연령이 낮은 학급의 유아의 한글능력의 수준이 더 높은 것으로 나타났으며, 교사의 학력과는 정적 상관관계(r=.236, p<.001)를 나타내었다. 교사의 인식수준의 경우에는 유치원 조기 영어교육의 실시 횟수와 유아의 한글능력 수준이 정적 상관관계(r=.190, p<.001)를 나타내어 유치원에서의 조기 영어교육의 실시 횟수가 많을수록 유아의 한글능력이 높음을 알 수 있었다. 그러나 담임교사의 조기 영어교육 실시 여부와는 부적 상관관계(r=−.116, p<.01)를 나타내었다. 교사의 인식수준의 각 하위요인별로 살펴보면, 교사의 한글교육 필요성 여부에 대한 인식은 조기 영어교육의 필요성 여부, 유치원 조기 영어교육 실시 횟수와는 정적 상관관계(r=.458, p<.001, r=.271, p<.001)를 나타내었고, 유치원에서 교육내용 복습 여부와는 부적 상관관계를 나타내었다(r=−.192, p<.001). 또한 유아의 한글능력은 교사의 물리적 문해환경 구성수준의 총합과 정적 상관관계(r=.387, p<.001)를 보였으며 한글 문해환경(r=.112, p<.05) 및 영어 문해환경(r=.444, p<.001)과도 정적 상관관계를 나타내었다. 이 밖에, 교사의 문해활동 지원수준의 총합(r=.390, p<.001) 및 영어 문해활동 지원수준(r=.398, p<.001)이 유아의 한글능력과 정적 상관관계를 나타내었으나, 한글 문해활동 지원수준과는 유의미한 상관관계를 보이지 않았다.

다음으로 유아의 한글능력과 부모 배경 변인과의 상관관계를 살펴보면 다음과 같다. 유아의 한글능력은 부모의 인구사회학적 특성인 부모의 연령, 학력, 가계소득 및 물리적 문해환경 구성수준과 유의미한 상관관계를 보이지 않았다. 이를 구체적으로 살펴보면, 부모의 인구사회학적 특성의 경우에는 어머니의 연령과 영어 문해환경 구성수준이 부적 상관관계($r=-.116$, $p<.05$)를 나타내어 어머니의 연령이 낮을수록 영어 문해환경 구성수준이 높은 것을 알 수 있었다. 또한 어머니의 학력은 가계소득과 정적 상관관계($r=.177$, $p<.01$), 유아조기 영어교육의 필요성 여부와는 부적 상관관계($r=-.189$, $p<.001$)를 나타내어 부모의 학력이 낮을수록 유아 조기 영어교육의 필요성을 더 크게 인식하는 것으로 나타났다. 물리적 문해환경 구성수준의 총합과 어머니의 학력은 정적 상관관계($r=.252$, $p<.001$)를 나타내었고, 인식수준에 관해서는 어머니가 판단한 자녀의 조기 영어능력 수준과 정적 상관관계($r=.168$, $p<.001$)를 보여 자녀의 조기 영어능력이 높다고 판단하는 어머니가 낮다고 판단하는 어머니보다 물리적 문해환경 구성수준이 높게 나타났다고 해석할 수 있겠다. 또한 물리적 문해환경 구성수준의 총합은 한글과 영어에 대한 물리적 문해환경 구성수준과도 각각 정적 상관관계를 나타내었다($r=.738$, $p<.001$, $r=.869$, $p<.001$). 부모의 문해활동 지원수준은 부모의 학력($r=.140$, $p<.05$) 및 어머니가 판단한 자녀의 조기 영어능력($r=.326$, $p<.001$)과 정적 상관관계를 나타내어 부모의 학력이 높고 어머니가 자녀의 조기 영어능력을 높게 판단한 경우일수록 부모의 문해활동 지원수준이 높음을 알 수 있었다. 유아의 한글능력 또한 한글 및 영어 물리적 문해환경 구성수준과 모두 정적 상관관계를 나타내었으며($r=.327$, $p<.001$, $r=.520$, $p<.001$). 한글 및 영어 문해활동 지원수준과도 유의미한 정적 상관관계를 나타내었다($r=.777$, $p<.001$, $r=.848$, $p<.001$). 이 밖에 유아의 연령과 한글능력 간에 유의미한 정적 상관관계를 나타내었다($r=.743$, $p<.001$).

셋째, 유아의 영어능력과 본 연구대상의 주요 변인들 간의 상관관계를 살펴보면 다음과 같다.

유아의 영어능력은 교사의 인구사회학적 특성 중 연령과는 부적 상관관계를 나타내었으며($r=-.173$, $p<.001$), 교사의 인식수준의 경우에는 한글교육 필요성 여부와 정적 상관관계($r=.155$, $p<.001$), 조기 영어교육의 필요성 여부와 정적 상관관

계(r=.189, p<.001)를 나타내었으나 담임교사의 조기 영어교육 실시 여부와는 부적 상관관계를 보였다(r=−.242, p<.001). 이러한 결과는 한글교육과 조기 영어교육이 필요하다고 인식하는 교사의 경우 유아의 영어능력이 더 높음을 나타내었다. 교사의 물리적 문해환경 구성수준의 경우에는, 유아의 영어능력이 한글 문해환경 구성수준(r=.167, p<.001), 영어 문해환경 구성수준(r=.347, p<.001), 총합 문해환경 구성수준(r=.331, p<.001)과 모두 유의미한 정적 상관관계를 나타내어 교사의 한글 및 영어 문해환경 구성수준이 높을수록 유아의 영어능력이 높음을 알 수 있었다. 교사의 문해활동 지원수준의 경우 유아의 영어능력은 한글 문해활동 지원수준과는 부적 상관관계(r=−.164, p<.01), 영어 문해활동 지원수준(r=.389, p<.001) 및 총합(r=.356, p<.001)은 정적 상관관계를 나타내어 기관에서 교사의 한글 문해활동 지원수준이 낮고 영어 문해활동 지원수준이 높을수록 유아의 영어능력이 높다는 결과가 제시되었다.

부모의 경우, 유아의 영어능력은 부모의 인구사회학적 특성인 연령, 학력, 가계 소득과는 유의미한 상관관계를 나타내지 않았다. 그러나 부모의 인식수준의 경우, 유아의 영어능력은 어머니가 판단한 자녀의 조기 영어능력과 정적 상관관계(r=.196, p<.001)를 나타내어 어머니가 자녀의 조기 영어능력을 높게 평가할수록 유아의 영어능력이 높은 것으로 나타났으며, 영어 문해환경 구성수준 및 총합과도 모두 유아의 영어능력과 정적 상관관계를 나타내었다(r=.139, p<.05, r=.137, p<.05). 부모의 문해활동 지원수준의 경우에는 한글 문해활동 지원수준(r=.136, p<.05), 영어 문해활동 지원수준(r=.229, p<.001), 문해활동 지원수준의 총합(r=.238, p<.001)과 유아 영어능력 간에 모두 유의한 정적 상관관계를 나타내어 한글 및 영어에 대한 문해활동 지원수준이 높을수록 유아의 영어능력이 높음을 알 수 있었다.

마지막으로 유아의 배경 변인 가운데 유아의 영어능력은 유아의 연령과 정적 상관관계(r=.453, p<.001)를, 유아의 한글능력과 정적 상관관계(r=.686, p<.001)를 보여 유아의 연령이 많고 한글능력이 높을수록 유아의 영어능력이 높음을 알 수 있었다.

〈표 14〉 교사, 부모의 인구사회학적특성, 한글 및 조기 영어교육에 대한 인식수준 및 물리적 문해환경, 문해활동 지원수준과 유아의 한글 및 영어능력 간의 상관관계 (N=348)

구분			1	2	3	4	5	6	7	8	9	10	11	12	13	14	15	16	17	18	19	20	21	22	23	24	25	26	27	28	29
교사	인구 사회학적 특성	1. 연령	.1																												
		2. 경력	.750***	1																											
		3. 학력	.135*	.294***	1																										
	교사의 인식정도	4. 한글교육 필요성 여부	-.026	-.089	-.420**	1																									
		5. 조기 영어교육의 필요성 여부	-.269***	-.103	-.051	.458***	1																								
		6. 유치원 조기영어교육 실시횟수	.029	.216***	.158**	.271***	.269***	1																							
		7. 유치원에서 교육내용 복습 여부	-.036***	-.488***	.301***	-.192***	.058	-.136*	1																						
		8. 담임교사의 조기 영어교육실시여부	-.063	-.243***	.273***	-.332***	-.067	-.304***	.425***	1																					
	문해환경	9. 한글문해환경	.308***	.541***	.072	.307***	.204***	.491***	-.603***	-.462***	1																				
		10. 영어문해환경	.313***	.230***	-.137**	.308***	.291***	.235***	.515***	-.410***	.463***	1																			
		11. 총합	.356***	.374***	-.081	.351***	-.154**	.358***	-.603***	-.487***	.722***	.948***	1																		
	활동지원	12. 한글활동지원	.092	-.083	.285***	-.190***	-.199***	-.136**	.000	.174***	.063	.046	.058	1																	
		13. 영어활동지원	.072	.188***	-.237***	.273***	-.285***	.228***	-.633***	-.556***	.493***	.880***	.865***	-.029	1																
		14. 총합	.088	.171***	-.185***	.236***	-.317***	.201***	-.636***	-.520***	.499***	.879***	.866***	.147**	.984***	1															
부모	인구 사회학적 특성	15. 연령	-.024	-.018	.062	-.073	-.028	.021	-.037	.051	-.061	.045	.013	.107*	.032	.050	1														
		16. 학력	-.024	-.122*	-.082	-.052	-.068	.005	.062	.019	-.001	.014	.010	.012	.015	.017	-.040	1													
		17. 가계소득	-.007	.037	-.012	.035	.047	-.003	-.080	-.080	.069	.040	.056	-.016	.077	.074	.074	.177**	1												
	부모의 인식정도	18. 어머니가 판단한 자녀의 조기 영어능력	-.129**	-.125**	.023	.090	.084	-.020	.068	-.036	.075	.030	.051	.055	.050	.059	-.014	.106	-.036	1											
		19. 유아조기영어교육의 필요성 여부	-.020	-.018	.072	.045	-.011	.038	.021	.071	-.055	-.050	-.059	.067	-.083	-.070	.047	-.189***	-.128*	-.124*	1										
	문해환경	20. 한글문해환경	-.118*	-.034	-.097	.023	.062	.030	.068	-.166**	-.040	-.080	-.077	-.159**	-.017	-.045	-.015	.114*	.072	.077	-.063	1									
		21. 영어문해환경	-.053	-.144**	.045	.073	.118*	-.024	.182**	.003	-.057	-.050	-.060	.025	-.072	-.066	-.116*	.303***	.018	.280***	-.179**	.393***	1								
		22. 총합	-.079	-.091	-.052	.072	.068	.029	.101	-.103	-.034	-.018	-.026	-.073	.017	.004	-.049	.252***	.061	.168**	-.162**	.738***	.869***	1							
	활동지원	23. 한글활동지원	.006	-.049	-.030	.028	-.056	.007	-.008	.009	-.054	.070	.036	.030	.075	.080	-.043	.031	.124*	.148	-.044	.401***	.390***	.415***	1						
		24. 영어활동지원	-.135*	-.188***	-.022	.025	-.013	-.075	.110	.016	-.087	.022	-.015	.086	.032	.046	-.038	.168**	-.056	.382***	-.113*	.324***	.641***	.575***	.463***	1					
		25. 총합	-.077	-.109*	-.030	.044	-.041	-.027	.052	-.018	-.064	.082	.041	.019	.098	.100	-.027	.140*	-.043	.326***	-.080	.327***	.520***	.480***	.777***	.848***	1				
유아	인구 사회학적 특성	26. 연령	-.234***	-.073	.295***	-.057	-.171**	-.148**	-.087	.180**	-.076	.350***	.246***	.112*	.243***	.260***	.079	-.126*	-.047	-.022	.123*	-.102	-.131*	-.137*	-.007	.042	.048	1			
		27. 성별	-.015	-.012	-.013	.140**	.086	.036	.042	-.063	.105*	-.013	.028	.027	-.028	-.023	-.067	.067	-.113*	-.012	.063	.131*	.087	.104	.068	-.033	.024	-.065	1		
	유아 능력	28. 한글능력	-.139**	.098	.236***	.062	-.077	.190***	-.115	-.116*	.112*	.444***	.387***	-.019	.398***	.390***	.003	-.056	-.012	.093	.032	-.003	-.033	-.035	.084	.087	.125*	.743***	.048	1	
		29. 영어능력	-.173***	.051	.122*	.155**	-.026	.189***	-.100	-.242***	.167**	.347***	.331***	-.164**	.389***	.356***	-.055	.023	-.057	.196***	-.081	.104	.139*	.137*	.136*	.229***	.238***	.453***	.068	.686***	1

*p<.05, ** p<.01, ***p<.001

6. 유아의 한글 및 초기 영어능력에 관련된 변인들의 상대적 인 영향력

1) 유아의 한글능력발달에 미치는 유의한 변수의 영향력

유아의 한글능력과 관련된 변인들의 상대적 영향력을 알아보기 위하여 위계적 회귀분석을 실시하였다. 위계적 회귀분석 모델의 투입순서는 우선 유아의 인구사회학적 변인을 투입하고, 어머니의 인구사회학적 변인, 교사와 부모의 한글 및 영어 문해환경지원, 교사와 부모의 한글 및 영어 문해활동 지원, 유아의 영어능력의 순으로 변인을 투입하였다. 그 결과 모든 회귀모델이 유의한 것으로 나타났으며, 결과는 〈표 15〉에 제시된 바와 같다. 유아의 한글능력발달에 대한 회귀모델의 Durbin-Watson 계수는 1.517로 나타났다.

모든 변인을 투입한 마지막 모델에서 관련 변인들은 유아의 한글능력을 약 67% 설명해 주는 것으로 나타났다(F=39.824, p<.001). 각 변인들이 유아의 한글능력에 미치는 상대적 영향력을 살펴보면, 유아의 연령(β=.591, p<.001), 유아의 영어능력(β=.277, p<.001), 교사의 영어 활동에 대한 지원수준(β=.251, p<.01)의 순으로 유아의 한글능력발달에 유의한 영향을 미치는 것으로 나타났다.

〈표 15〉 유아의 한글능력발달에 미치는 관련변수들의 영향력

독립변인	Model 1		Model 2		Model 3		Model 4		Model 5	
	b	β	b	β	b	β	b	β	b	β
유아 인구사회학적 변인										
유아의 연령	.767	.740***	.770	.744***	.726	.700***	.754	.728***	.612	.591***
유아의 성별	.130	.080*	.135	.082*	.113	.069	.140	.085*	.102	.062
어머니 인구사회학적 변인										
어머니의 연령			−.155	−.065	−.153	−.064	−.130	−.054	−.106	−.044
어머니의 학력			−.042	−.043	−.042	−.043	−.036	−.036	−.046	−.047
가계소득			.048	.062	.034	.045	.025	.033	.040	.052
한글 및 영어 문해환경 지원										
교사의 한글 문해환경					.020	.038	.008	.015	−.017	−.033
교사의 영어 문해환경					.034	.137**	−.044	−.175*	−.029	−.115
부모의 한글 문해환경					.017	.071	.004	.018	.005	.020
부모의 영어 문해환경					−.006	−.032	−.002	−.011	−.007	−.038
한글 및 영어 문해활동 지원										
교사의 한글 활동 지원							−.099	−.116**	−.039	−.046
교사의 영어 활동 지원							.057	.358***	.040	.251**
부모의 한글 활동 지원							−.005	−.014	−.007	−.019
부모의 영어 활동 지원							.008	.037	−.003	−.012
유아의 영어능력									.009	.277***
R^2	.544		.552		.578		.624		.667	
ΔR^2	.544		.008		.026		.046		.044	
F	172.927***		70.723***		43.068***		35.577***		39.824***	

*p <.05, ** p <.01, ***p <.001

2) 유아의 초기 영어능력발달에 미치는 유의한 변수의 영향력

유아의 영어능력과 관련된 변인들의 상대적 영향력을 알아보기 위하여 위계적 회귀분석을 실시하였다. 위계적 회귀분석 모델의 투입순서는 유아의 인구사회학적 변인, 어머니의 인구사회학적 변인, 교사와 부모의 한글 및 영어 문해환경 지원, 교사와 부모의 한글 및 영어 문해활동 지원, 유아의 영어능력의 순으로 변인을 투입하였다. 그 결과 모든 회귀모델이 유의한 것으로 나타났으며, 결과는 〈표 16〉에 제시된 바와 같다. 유아의 영어능력발달에 대한 회귀모델의 Durbin-Watson 계수는 1.465로 나타났다.

모든 변인을 투입하였을 때, 관련 변인들은 유아의 영어능력을 약 50% 설명해주는 것으로 나타났다(F=19.727, p<.001). 각 변인들이 유아의 영어능력에 미치는 상대적 영향력을 살펴보면, 유아의 한글능력(β=.418, p<.001), 교사의 한글 문해활동 지원(β=−.207, p<.001), 유아의 연령(β=.189, p<.01), 교사의 한글 문해환경 지원(β=.168, p<.01), 부모의 영어 문해활동 지원(β=.164, p<.01)의 순으로 유아의 영어능력에 영향을 미치는 것으로 나타났다.

〈표 16〉 유아의 영어능력발달에 미치는 관련변수들의 영향력

독립변인	Model 1		Model 2		Model 3		Model 4		Model 5	
	b	β	b	β	b	β	b	β	b	β
유아 인구사회학적 변인										
유아의 연령	13.672	.445***	14.197	.462***	13.836	.450***	15.176	.494***	5.827	.189**
유아의 성별	4.950	.102	4.142	.085	2.416	.050	4.045	.083	2.314	.048
어머니 인구사회학적 변인										
어머니의 연령			−6.556	−.093	−4.396	−.062	−2.539	−.036	−.933	−.013
어머니의 학력			2.337	.080	.811	.028	1.124	.038	1.569	.054
가계소득			−.649	−.028	−1.289	−.056	−1.567	−.069	−1.877	−.082
한글 및 영어 문해환경 지원										
교사의 한글 문해환경					2.531	.162**	2.725	.174**	2.626	.168**
교사의 영어 문해환경					1.076	.145*	−1.622	−.219*	−1.079	−.145
부모의 한글 문해환경					.696	.098	−.033	−.005	−.087	−.012
부모의 영어 문해환경					.892	.155**	.568	.099	.595	.104
한글 및 영어 문해활동 지원										
교사의 한글 활동 지원							−6.457	−.255***	−5.229	−.207***
교사의 영어 활동 지원							1.832	.386***	1.123	.237*
부모의 한글 활동 지원							.165	.016	.227	.022
부모의 영어 활동 지원							1.159	.179**	1.058	.164**
유아의 한글능력									12.399	.418***
R^2	.200		.216		.314		.433		.498	
ΔR^2	.200		.015		.099		.118		.066	
F	36.332***		15.800***		14.420***		16.370***		19.727***	

$^{*}p < .05$, $^{**}p < .01$, $^{***}p < .001$

Ⅳ 논의 및 결론

앞서 제시한 본 연구의 주요 결과를 중심으로 논의하면 다음과 같다.

1. 유아의 한글 및 초기 영어교육 현황 및 인식

본 연구대상 유아의 한글교육 시작시기는 3세 이상, 3세 미만 순이었다. 한글의 주된 교육방법으로는 가정방문 학습지가 가장 많았으며, 유치원, 무응답, 부모(친인척 포함), 학원 순으로 나타났다. 반면에 조기 영어교육의 시작시기는 3세 이상, 3세 미만의 순으로 나타났으며, 조기 영어교육의 주된 방법으로는 유치원(어린이집), 무응답, 가정방문 학습지, 기타, 사설 영어학원, 시청각매체 순으로 나타났다. 이러한 결과는 기존의 선행 연구(정경아, 2009)와 맥을 같이 하는 것으로 한글교육인 경우에는 학습지에 의존하는 경향이 강하며, 반면에 조기 영어교육인 경우에는 유아교육기관(유치원 또는 어린이집)에서 주로 이루어짐을 알 수 있다.

유아의 한글교육 및 초기 영어교육의 필요성에 대한 어머니 및 교사의 인식을 살펴보면, 우선 한글교육인 경우에는 부모 및 교사의 절대다수가 유아기가 한글교육의 적기라서 절대적으로 필요하다고 응답하였다.

초기 영어교육인 경우에도 부모 및 교사 모두가 유아기 영어교육의 실시는 현 시대적 흐름의 반영에서 필요하다고 인식하는 경향이 우세하였다. 이는 앞서 살펴본 유아의 한글 및 초기 영어교육 실시 현황 결과와도 연계해서 논의될 필요가 있다. 즉, 유아의 연령 및 발달에 적합한 질적으로 인증된 조기 영어교육 프로그램의 개발이 절실하게 필요함을 시사한다. 또한 유아교육 현장에서 전공자에 의해 이러한 영어교육 프로그램이 시행될 수 있도록 전문적인 교사양성 교육 실시 및 지속적인 교사연수가 함께 병행되어야 할 것이다. 유아교육 현장에서 유아의 한글교육방법에 관해서는 현재 가정에서 이루어지는 학습지에 의한 형식적인 문자교육에 의존하기보다는 풍부한 문학적 경험 제공과 효과적인 음운인식 지도법이 함께 병행되는 균형잡힌 접근법(balanced approach)을 통해 한글지도가 이루어지는 것이 바람직하다고 본다.

2. 가정에서 어머니의 문해 지원(물리적 환경 구성 및 활동 지원)수준에 따른 유아의 한글 및 초기 영어능력 차이

가정에서 어머니의 문해 지원수준(물리적 환경 구성 및 활동 지원)에 따른 유아의 한글 및 초기 영어능력의 차이를 살펴본 결과, 영어능력에서만 어머니의 물리적 환경 구성 및 활동 지원수준에 따라 유의한 차이가 나타났다. 이러한 결과는 어머니가 가정에서 지원해 주는 물리적 문해환경 및 유아와 함께 영어로 실제 언어적 상호작용을 제공해 주는 것이 상대적으로 그렇지 못한 경우에 비해 유아의 초기 영어능력수준이 더 높다고 보고된 정경아(2009)의 연구와 맥을 같이 하는 결과이며, 이러한 총체적인 문해환경의 차이는 유아의 언어발달에 직접적 또는 간접적으로 영향을 미칠 수 있다는 곽아정(1994), 이문정(1992)의 주장을 지지한다. Vygotsky(1986)는 사회적 상호작용이 제2언어 습득에 있어서 중요한 역할을 한다고 보고, 언어적으로 유능한 대상(성인이나 또래)과의 지속적인 상호작용 내에서 언어발달을 유도할 수 있다고 하였다. 특히 근접발달지대(Zone of Proximal Development: ZPD) 내에서 학습자가 자신보다 수준이 높은 대화자의 비계설정(scaffolding), 즉 언어적 상호작용을 통해 언어능력을 향상시킬 수 있다는 그의 관점은 본 연구결과를 통해서도 어느 정도 지지되었다고 본다.

교육기관에서의 교사의 문해 지원수준(물리적 환경 구성 및 활동 지원)에 따른 유아의 한글 및 초기 영어능력의 차이를 살펴본 결과, 교사인 경우에는 물리적 환경 구성 및 활동 지원수준에 따라 유아의 한글 및 초기 영어능력 모두에서 유의한 차이가 나타났다. 유아는 사회에 태어나면서부터 자신을 둘러싼 환경과의 상호작용을 통해 언어(문해)를 발달시키므로 유아기의 문해환경은 매우 중요하다. 유아기 문해환경은 크게 가정과 유아교육기관으로 구분되며, 가정에 비해 교육기관의 문해환경은 유아의 발달수준에 적합하게 조직적으로 구성될 가능성이 더 높으며, 이는 보다 풍부하고 적절한 물리적 문해환경을 제공할 뿐만 아니라 교사-유아 간의 언어적 상호작용을 통해 유아의 언어발달을 총체적으로 지원할 수 있다.

일반적으로 제2외국어 습득 이론 중의 하나인 정서적 필터 가설(The Affective Filter Hypothesis)에 따르면, 학습자는 정서적 상태, 태도, 동기, 필요성 등에 기초하여 입력되는 언어를 잠재의식 속에서 정서적 필터를 통해 걸러내며, 이와 같은 정서적 여과막은 심적 불안감(anxiety), 학습동기(motivation), 자신감(self-confidence) 등에 의해 연관되어 있다고 보고 있다(Johnson & Newport, 1989). 따라서 성인 학습자에 비해 상대적으로 여러 가지 조건이 취약한 유아들의 심리적 필터의 수준을 최대한 낮추는 것, 즉 편안하고 자연스러운 교육 환경 내에서 흥미, 자신감, 동기를 가지고 영어를 습득할 때, 이들의 제2언어 습득을 보다 용이하게 할 것이다. 그러나 본 연구에서 교사의 문해환경 구성 및 언어적 지원활동 수준의 편차로 인해 유아의 언어발달(한글 및 영어)의 유의한 차이가 나타났다는 결과 및 검증되지 않는 사교육의 다양한 채널을 통해 무분별하게 음성적으로 조기 영어교육이 시행되고 있는 결과 등을 미루어 볼 때, 향후 국가적 수준, 즉 유아교육과정내에서 영어교육의 목표 및 방향, 구체적인 교수전략 등을 포함한 영어교육 프로그램이 개발, 시행될 필요성이 제기된다.

3. 유아의 한글능력 및 초기 영어능력발달에 관련된 변인들의 영향력

본 연구에서는 유아의 한글능력과 초기 영어능력을 각각의 종속변수(dependent variable)를 두고 이를 유의미하게 예측하는 변인들의 영향력을 살펴보았다. 그 결과, 유아의 연령, 유아의 초기 영어능력, 교사의 영어 활동에 대한 지원수준 등의 순으로 영향을 미치는 것으로 나타났다. 반면에 유아의 초기 영어능력발달을 유의미하게 예측하는 변인들로는 유아의 한글능력, 교사의 한글 문해활동 지원수준, 유아의 연령, 교사의 한글 문해환경 구성수준, 부모의 영어 문해활동 지원수준 등의 순으로 나타났다.

유아의 한글능력 및 초기 영어능력 예측 변인들의 영향력과 관련된 결과 양상을 비교, 분석해 보면 다음과 같이 논의될 수 있다. 첫째, 유아의 연령은 그들의 한글 및 초기 영어능력발달에 모두 유의한 변인으로 나타났다. 이러한 결과는 유아의 연령이 높아짐에 따라 문해발달이 자연스럽게 이루어진다는 것을 반영하는 것으로, 최근 무분별하게 이루어지고 있는 조기 영어교육의 열풍에 관하여 "바람직한 한글 및 영어교육 시작의 적기는 언제인가?"라는 논쟁에 대한 보다 신중한 논의 및 사회적 합의점을 모색할 필요성이 제기된다.

셋째, 유아의 한글능력을 예측하는 다양한 요인들 중 교사 및 가정의 문해환경 지원수준이 일관성 있게 유의한 영향력을 미치는 것으로 나타났다. 이는 유아의 이중언어 능력발달에는 유아의 개별 특성뿐만 아니라 유아의 환경변수의 영향력이 서로 역동적으로 상호작용할 것이라는 본 연구의 전제를 지지하는 결과로 볼 수 있다. 언어 습득에 있어 생득주의적 관점에서도 유아기를 최적기로 보고 있으며, 타고난 언어 습득 장치(Language Acqusition Device: LAD) 체계내에서 모국어를 자연스럽게 습득하듯이 제2언어를 습득하는 것이 바람직하다는 주장이 최근 들어 더욱 설득력을 얻고 있다. 즉, 선천적인 언어 습득의 기제(mechanism) 내에서 후천적 환경의 긍정적 경험을 제공하고, 이러한 누적적 경험이 모국어 및 제2언어 습득에 있어 긍정적으로 작용될 수 있어야 한다. 이에 후속연구에서는 유아의 모국어 및 제2언어(영어)를 실제로 사용 또는 교육하고 있는 가정에서 부모나

교육기관의 교사의 철학 및 접근법에 대한 심층적인 분석이 함께 병행되어야 할 것이다.

마지막으로 본 연구에서는 유아의 한글능력은 유아의 초기 영어능력에 의해, 반면에 유아의 초기 영어능력발달은 유아의 한글능력에 의해 유의미하게 예측되는 것으로 나타났다. 이러한 본 연구결과는 다음과 같이 논의될 수 있는데, 우선 유아기 제2언어를 사용하는 것은 유아가 모국어의 상실 없이도 다른 언어를 균형적으로 배울 수 있다는 균형적 이중언어(balanced bilingual)의 관점을 지지한 선행 연구(황혜신, 황혜정, 2001; 황혜신, 2007)와 맥을 같이 하는 결과로 해석될 수 있다. 그러나 제2언어 습득은 체계적이나 가변적이며, 모국어의 습득과 유사한가 하면 동시에 상이하며, 모국어에서 제2언어 습득으로의 전이는 각각의 언어에 동시에 영향을 주는 등 체계성과 변이성을 모두 포함한 상당히 복잡한 인지적 과정이다(이다미, 2004). 일부 소수 연구들에서 모국어 상위언어능력과 외국어능력과의 관련성을 규명한 결과에서도 입증되었듯이, 외국어 경험 유무나 노출 정도보다는 유아의 연령과 모국어 상위언어능력이 오히려 초기 외국어능력과 유의한 관계가 있다고 보고되었다(박혜원, 원영미, 이귀옥, 2003; 이귀옥, 전효정, 2003; 한유미, 1998). 이에 후속연구에서는 두 가지 언어를 모두 잘 구사하는 유아가 단일언어를 사용하는 유아에 비해 상대적으로 인지, 상위인지, 사회 및 메타언어가 우수하다는 부가적 이중언어(additive bilingualism) 경험의 중요성을 입증할 수 있는 실증적 연구가 이루어져야 할 것이다.

part 2

유아의 연령 및 발달에 적합한 초기 영어교육 프로그램의 실제

1. 유아의 연령 및 발달에 적합한 초기 영어교육 프로그램의 필요성

유아를 대상으로 하는 교육은 유아 발달의 특수성을 기본적으로 고려하여 계획, 조직, 실행, 평가가 이루어져야 한다. 특히 유아의 연령 및 발달에 적합한 초기 영어교육 프로그램을 개발, 실행 및 평가하는 데 있어 유아발달에 대한 심층적 이해를 바탕으로 현장에서 이를 실행할 수 있는 교사로서의 실무능력이 함께 갖추어질 때, 교육적 효과는 배가된다.

유아를 대상으로 하는 바람직한 초기 영어교육은 영어를 처음으로 접하는 유아기에 즐거운 놀이로써 자연스럽게 경험되어 일상생활에서 반복적으로 사용될 때, 교육적으로 가치를 가지게 된다. 그러므로 유아들에게, 처음 접하는 영어가 흥미롭고 즐거운 교육과정이라는 긍정적 정서와 경험을 전해줄 수 있도록 영유아들의 연령과 발달적 특징에 알맞은 심도 있는 프로그램이 연구되어야 할 필요가 있다. 그러나 이러한 필요성에도 불구하고, 현재 대부분의 유치원과 어린이집에서 행해지고 있는 초기 영어교육 프로그램은 방과 후 외부 강사에 의해 특별활동 방식으로 주 1회~5회에 걸쳐 음성적, 파행적으로 이루어지고 있다. 또한 현행 출판사의 영어교재에 의해서 이루어지고 있는 영어교육 프로그램은 영유아교육기관과 교육과정의 연계가 이루어지지 않으므로 유아들의 발달적 단계의 수준과 특성이 고려되지 않은 채 프로그램이 구성되고 있어 유아기에 적합한 영어교육으로서의 교육적 효과를 논하기에는 논란의 소지가 있다.

유아를 위한 초기 영어교육과정의 개발은 유아의 발달과 연령의 특수성에 대한 기본적인 지식 및 현장 경험을 가진 전문가들에 의해 유아교육기관(유치원 / 어린이집)의 교육 및 보육과정과 연계하고 협력하여 초기 영어교육이 독립적으로 적용되기보다는 이러한 교육기관의 교육과정의 큰 틀에서 유기적으로 연계되어 적용될 때 교육적 효과를 끌어낼 수 있다. 또한 유아들이 영어라는 제2외국어를 왜 배워야 하는가에 대한 이유를 이들의 눈높이에 맞춰 설명해 주고 학습의 동기를 자연스럽게 부여하는 과정은 초기 유아 영어교육에서 반드시 포함되어야 할 요소이다.

본 연구에서는 Part 1의 연구결과 및 시대·사회적으로 요구되는 유아기 영어교육의 필요성에 입각하여 '발달 및 연령에 적합한 초기 유아 영어교육 프로그램'을 개발하였다.

'연령 및 발달에 적합한 초기 유아 영어교육 프로그램'

연령 및 발달에 적합한 초기 영어교육 프로그램은 균형잡인 영어교육 프로그램(Balanced Program: 모국어, 영어 균형적 발달)을 목표로 하며, 표준보육과정과 유아들의 전인적 발달영역인 신체, 인지, 사회정서 발달을 고려하여 긍정적인 이중언어 습득 환경을 조성한다. 본 프로그램의 접근방식을 크게 구분해 보면, 자연스런 일상생활 속에서 언어의 제반 영역(말하기, 듣기, 읽기 및 쓰기)의 기초 능력을 습득하는 데 초점을 둔 총체적 언어접근 방식과 아울러, 다른 영역발달과의 통합된 접근을 통해 언어발달의 효과를 극대화하고자 하였다[그림 1].

[그림 1] 연령 및 발달에 적합한 초기 유아 영어교육 프로그램 모델

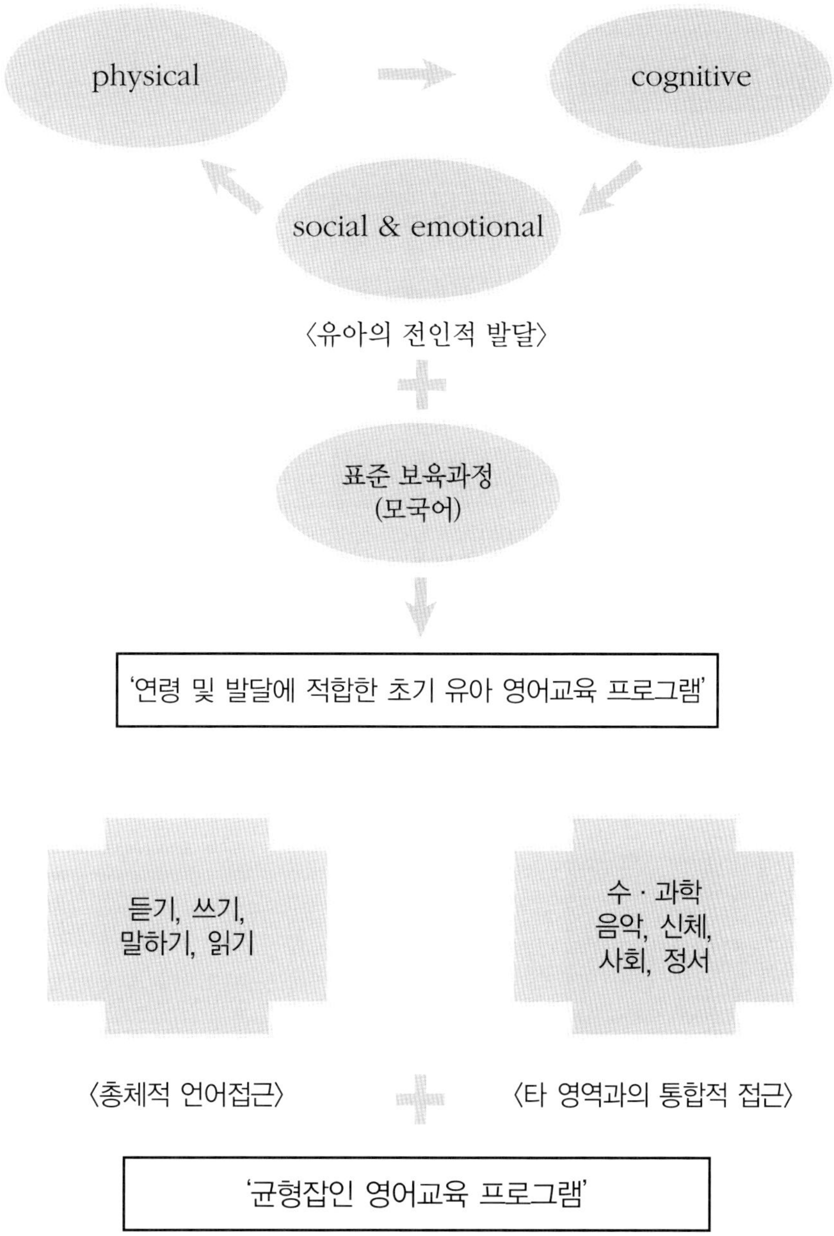

2. 유아의 연령과 발달에 적합한 초기 영어교육 프로그램의 구성과 운영

1) 프로그램 목표

상기 유아기 초기 영어교육 프로그램 개발의 필요성에 입각하여, 본 발달에 적합한 초기 영어교육 프로그램 과정은 다음의 세 가지 차원의 구체적인 개발 목표를 가지고 있다.

첫째, 본 프로그램은 외국어를 처음 접하는 유아들에게 영어에 대한 새로운 경험을 자연스러운 상황에서 즐겁고 재미나게 놀이로서 겪어 볼 수 있는 기회를 제공하여 영어교육에 대한 긍정적 정서와 경험이 이루어지도록 돕는다.

둘째, 본 프로그램은 한국어를 모국어로 하는 유아들에게 외국어인 영어와 모국어인 한국어가 균형적 발달을 이룰 수 있는 발달에 적합한 유아기 이중언어 교육 환경을 제공하는 데 목적을 둔다.

셋째, 본 프로그램은 영어라는 매개체를 단순한 언어교육의 차원을 넘어 나와 다른 인종, 국가, 더 나아가 문화에 대한 소개와 이해를 바탕으로 다양성을 인정하는 폭을 넓히는 데 목적을 둔다.

2) 프로그램 이론적 기초

다양한 이론이 영유아기 조기 영어교육 프로그램의 이론적 기초를 제공해 왔다. 그러나 어느 한 이론만 가지고 발달에 적합한 유아기 영어교육 프로그램의 전부를 설명해 줄 수는 없으며, 각 이론이 프로그램에 기여한 부분이 서로 다르다. 본 프로그램의 교육과정은 EFL(English as a Foreign Language) 상황에서 스키너의 행동주의 이론, 촘스키의 언어생득 이론과 비고츠키의 사회적 상호작용 이론을 기초로 하여 개발되었다.

(1) 스키너의 행동주의 이론

스키너는(Skinner, 1968)는 언어는 습관 형성 과정을 통해 학습된다고 하였다. 즉, 인간은 주위에서 듣는 소리(sound)와 문형(pattern)을 듣고 이해하기 위해 침묵의 시간을 거치면서 듣기 능력을 향상시킨다. 이렇게 듣기를 통해 기억한 소리나 문형을 모방하는 방식으로 언어를 습득하며(Bandura, 1977), 모방된 언어는 강화 및 반복을 거쳐 언어 사용의 습관이 형성된다. 즉, 모방된 단어나 문장 등을 반복해서 연습하여 언어를 습득한다는 것이다(Krashen & Terrell, 1983). 스키너의 행동주의 이론에 비추어 볼 때, 유아기 언어 습득에 있어 습관형성 과정과 반복적인 언어적 노출이 중요하다는 점을 본 프로그램에 담아 보았다. 유아기 영어 프로그램은 '영어' 라는 언어를 유아의 흥미와 관심을 바탕으로 발달수준을 넘지 않는 선에서 자연스럽게 노출시켜야 하며, 교사와 부모는 지속적이고 반복적인 언어적 상호작용을 통해 유아들이 긍정적인 정서를 가지고 제2언어(외국어)를 습득할 수 있는 잠재력을 이끌어 내는 데 조력하는 것이 중요하다.

(2) 촘스키의 생득 이론

세계적인 언어학자 촘스키(Chomsky, 1965)는 만 3~5세 유아기에는 성인기 때와 달리 모국어 습득에 관한 기본적인 틀이 내재화되어 있을 뿐만 아니라 다른 언어를 접하였을 때에도 자기 나름대로의 규칙 체계를 형성하는, 선천적인 언어 습득능력이 존재한다는 생득 이론을 주장하였다. 이러한 능력은 '언어 습득 장치'(Language Acquisition Device: LAD)로 나타나는데, 정상적인 개인은 누구나 지니고 있으며 1.5~6세 사이에 가장 왕성하게 작용하고 13세를 전후로 쇠퇴하기 때문에 성인에 비해 유아가 외국어 습득이 빠르다는 것이다. 이러한 생득적 언어 습득 기제인 LAD 덕분에 취학 전 유아는 모국어가 아닌 다른 언어 역시 비교적 쉽게 배울 수 있다고 한다.

(3) 비고츠키의 사회적 상호작용 이론

비고츠키(Vygotsky)는 사회적 상호작용이 제2언어 습득에 있어서 중요한 역할을 한다고 보고, 언어적으로 유능한 대상(교사, 친구)과의 지속적인 상호작용을 통해서 언어 발달을 유도할 수 있다고 하였다. 그 과정에서 특히 근접발달지대(Zone of Proximal Development: ZPD) 내에서 학습자가 자신보다 수준이 높은 대화자의 비계설정(scaffolding), 즉 언어적 상호작용을 통해 언어능력을 향상시킬 수 있다는 그의 관점을 본 프로그램에 담아 보았다.

비고츠키의 이론에 비추어 볼 때, 언어 습득에 있어 교사 또는 부모, 또래집단은 유아기 언어 습득에 있어서 매개자가 되어 영유아기 언어 습득의 잠재력을 최대한 이끌어 내야 한다. 교사는 현재 발달(신체, 인지, 사회 · 정서)수준을 파악하고 있어야 하며, 유아의 관심과 흥미를 나타내는 활동에 대해 언제 개입해야 할지 적절한 시기를 잘 포착하여 프로그램을 구성하고 실행하는 것이 중요하다.

3) 프로그램 접근 방법

(1) 정서적 필터가설(Krashen's affective filter hypothesis)

"Language is acquired best in an environment where anxiety and defensiveness are low."

학습자는 정서적 상태, 태도, 동기, 필요성 등에 기초하여 입력되는 언어를 잠재의식 속에서 정서적 필터를 통해 걸러내며, 이와 같은 정서적 여과막은 심적 불안감(anxiety), 학습동기(motivation), 자신감(self-confidence) 등에 연관되어 있다고 보고 있다(Johnson & Newport, 1989). 따라서 성인 학습자에 비해 상대적으로 여러 가지 조건이 취약한 유아들의 심리적 필터의 수준을 최대한 낮추는 것, 즉 편안하고 자연스러운 교육 환경 내에서 흥미, 자신감, 동기를 가지고 영어를 습득할 때, 이들의 제2언어 습득이 보다 용이하다.

(2) 총체적 언어접근법(듣기, 쓰기, 읽기, 말하기)

구어발달과 문어발달에 관한 연구들은 언어의 네 가지 기능인 듣기, 말하기, 읽기, 쓰기를 분리하는 것보다는 통합적인 맥락 속에서 교육하는 것이 더 효과적이라는 결과를 발표해 왔다(Gass, 2003; Goodman, 1987). 즉, 유아가 자연스러운 생활에서 듣고, 말하고, 읽고, 쓰는 동작을 통합적으로 반복학습할 수 있도록 교육

전략에 중점을 두어 어휘, 낱말 인식 등을 따로 가르치는 것이 아니라 핵심문학을 통해 총체적이고 통합적으로 가르치는 것이 효과적이라는 주장이다. 이를 총체적 언어 접근법(Goodman, 1986)이라고 한다. 유아의 수준에 맞고 의미 있는 맥락을 갖는 좋은 그림책을 선정하여 이야기를 전체적으로 이해하게 하는 방식으로, '전체 이야기→구→단어→글자→음소' 순으로 접근한다(Edelsky, 1991). 따라서 유아에게 그림책을 많이 읽어 주어 자연스러운 언어학습 환경을 만들어 주면, 반복적으로 읽어 주는 과정을 통해 유아는 이야기의 예측이 가능해지며, 이를 통해 어휘 및 문장을 보다 쉽게 습득할 수 있다(마송희, 2008).

(3) 다중지능이론(Gardener's multiple intelligences hypothesis)

미국 하버드대 심리학과 교수 가드너(Gardner)는 인간의 지능이 IQ와 같은 한 가지 지능이 아니라 언어 · 음악 · 논리수학 · 공간 · 신체운동 · 대인관계 · 자기이해 · 자연탐구라는 여러 가지 지능으로 이루어져 있다고 설명한다. 이 이론에 따르면, 각각의 지능이 조합됨에 따라 개인의 다양한 재능이 발현된다고 한다. 유아를 위한 프로그램은 단순히 언어를 익히기 위해서 노래와 율동만을 이용하거나 그림 카드나 이야기를 통해서만 구성하기보다는, 유아기 아이들의 세 가지 발달적 수준과 특성을 고려하여 언어, 수 · 과학, 미술, 음률, 동화, 동시, 이야기 나누기, 신체표현 등 여러 가지 영역의 교육과정을 통합하고 연계하는 것이 긍정적인 교육적 효과를 높일 수 있다.

4) 프로그램 구성원리

발달에 적합한 유아기 조기 영어교육 프로그램은 유아기 세 가지 발달영역을 고려하여 표준보육과정을 토대로 한 어린이집 계획안의 주제와 동일한 통합 활동과정을 통해 유아들이 한국어와 영어를 함께 사용하도록 한다. 구체적인 구성 원리는 다음과 같다.

- 하나, 표준보육과정에 따라 어린이집의 계획안에 맞추어 주제에 맞는 통합교육과정으로 초기 유아영어 프로그램을 구성한다.

• 둘, 관련 전공 전문 교수진과 연구자들이 함께 유아의 발달단계를 고려하여 활동 중심의 영어 프로그램을 기획, 구성한다.
• 셋, 유아들이 우리나라와는 다른 언어에 처음으로 노출되는 매우 중요한 과정이므로 영어 프로그램의 목적 또한 영어에 대한 새로운 경험을 자연스러운 상황에서 즐겁고 재미나게 겪어 볼 수 있는 프로그램을 기획, 구성한다.

5) 프로그램 운영 방안

연령과 발달에 적합한 유아기 초기 영어 프로그램은 아동발달 및 교육 전공 교수진과 유아교육 현장 경험이 있는 대학원 과정의 연구자들이 함께 유아의 발달단계를 고려하여 프로그램을 기획 · 구성하였다. 서울시에 소재한 한 대학위탁운영중인 구립어린이집에 다니고 있는 만 2세(후반기)~만 4세를 대상으로 영어교육이 이루어졌으며, 교육시간은 유아의 발달적 단계의 집중력을 고려하여 15~20분 정도로 오전 수업을 마치고 점심과 낮잠을 잔 뒤 3시 30분부터 수업을 시작하였다. 영어로 이루어지는 의사소통에 대한 유아의 심리적 부담감을 최소화하여 긍정적 경험이 될 수 있도록 한국어와 영어를 함께 사용하였다.

영어 특별활동 형식으로 주 2회는 아동학 전공자로 영어에 능숙한 한국인 교사진이 실시하고, 한 달에 두 번 학력과 경험이 검증된 우수한 원어민 교사의 수업은 한국인 교사가 함께 수업에 참여하였다. 유아의 발달 특성으로 인해 외국인을 두려운 존재로 인식할 수 있기 때문에 여자 외국인 교사로 선정하였으며 한국인 교사가 완충 역할을 해줄 수 있도록 함께 참여시켰다.

영어 프로그램을 시작하기 전 본 프로그램의 내용 및 특성에 대해 간략하게 이야기 나누는 부모 간담회 시간을 가졌으며, 수업을 시작하는 첫날 교사는 아이들에게 영어를 배우는 이유에 대해 간단하게 이야기를 나누었다.

예시

교사가 자신을 소개하고, 영어를 배우는 이유에 대해서 간단하게 이야기한다.

T: Hello, everyone. My name is ○○○ .
I' m your English teacher. I' m really happy to see you all.
Do you know why I came to ○○ 어린이집 today?
S: 아니요.
T: S1, where do you live?
S1: △△동이요.
T: Then, S2, where do you live?
S2: ◇◇동이요.
T: I live in XX동. We all live in different places.
(다른 인종 아이들 그림을 보여주며) These friends are too. They live in different places. And we all speak Korean, right? But they speak different languages.
So you need to learn English if you want to be a friend of them and talk to them. Because they don' t know Korean.
That' s why I' m here to teach you English.
T: Do you want to be a friend of these friends?
S: 네.
T: OK, then, let' s learn English together.

교사는 유아들이 친숙한 노래와 챈트로 routine 활동을 구성하여 유아들이 듣고 말하는 데 익숙해지도록 한다. 또한 유아들이 수업 중간에 교사와 함께 참여해 볼 수 있는 구호를 동작과 함께 반복적으로 사용하여 유아들이 영어에 친숙해지도록 한다(ex. Are you ready ? Can you do it?).

3. 연령 및 발달에 적합한 초기 영어교육 프로그램의 실제

〈어린이집 표준보육과정과 연계한 유아 영어 프로그램〉

어린이집 표준보육과정 내 생활주제	월	본 영어교육 프로그램의 생활주제
우리반과 친구	3	About myself / Routine activity
봄	4	Spring
가족, 친구	5	Family
동물	6	Animal
여름	7	Summer
건강하고 안전한 생활	8	My body
우리동네 / 이웃	9	Things around us
가을	10	Fall
탈것	11	Various vehicles
겨울	12	Winter
재미있는 색깔모양	1	Color & shape
형, 언니가 되어요 / 즐거웠던 OO반	2	Number& growth

[그림 2] 교육프로그램 계획-실행-평가(Plan-Activity-Feedback: PAF)

영어교육 활동에 대한 소개
ex) 가정통신문

⇩

교육활동

⇩

교육평가(반응–보완점)

PAF 예시 1

앞서 제시한 표준보육과정 '여름'이라는 주제를 가지고
아이들과 밀가루 반죽으로 아이스크림을 만드는 활동

〈가정통신문〉

Week 1 / Day 1: (1) Fine-motor development and Make-believe play

Title	**Yummy ice cream**
Theme	Summer: summer food (1) ice cream
Objectives	새로운 인사 표현과 노래를 접해 본다. 밀가루 아이스크림을 만들어 보면서 소근육 운동 발달을 돕는다. 아이스크림 만들기를 통한 예술적 경험을 해 보고 가작 놀이를 즐긴다.
Words	summer, ice cream, dough, knead, stretch, cut, yummy
Expressions	It's hot. / Let's~ / It's yummy.
Books/songs	Routine songs, How are you my friend(new greeting) song

■ 관련 그림책 및 음악 List

1. Songs

(1) How are you my friend? (new greeting)

(2) How is the weather? (song / chant)

(3) If you are happy

(4) Happy birthday

(5) Good morning

2. Books

(1) Blue sea (Donald Crews)

(2) Lots of feelings (Shelley Rotner)

■ 인터넷 커뮤니티

더 많은 관련주제 그림책에 대한 정보나 수업시간에 배우는 노래의 다운로드는 인터넷 카페를 참고해 주세요.

(카페 가입 질문: 현재 실시되고 있는 영어프로그램의 이름은? 답: SEPYC)

*기후상황을 고려해서 물놀이를 1~2회 계획하고 있습니다.

Lesson Plan 1: Fine-motor development and Make-believe play

Title	**Yummy ice cream**
Theme	Summer: summer food (1) ice cream
Objectives	새로운 인사 표현과 노래를 접해 본다. 밀가루 아이스크림을 만들어 보면서 소근육 운동 발달을 돕는다. 아이스크림 만들기를 통한 예술적 경험을 해 보고 가작 놀이를 즐긴다.
Materials	아이스크림 실사 그림, 밀가루 반죽(3색-바닐라, 딸기, 초콜릿), 골판지(노랑 또는 베이지)로 만든 콘, 아이스크림 토핑(반짝이, 짧게 자른 끈 등)
Words	summer, ice cream, dough, knead, stretch, cut, yummy
Expressions	It's hot. / Let's~ / It's yummy.
Procedures	**Contents**
Warm up	• Greeting / weather L: Hello, everyone. C: Hello. C: Leo, 옷 바뀌었다. (아이들이 알아차리지 못하면 힌트 준다.) L: Right, It's summer and very hot. So I changed into alight summer suit. How do I look? C: 멋있어. / 이상해. L: Today we are going to learn a new song. Let's listen to the song first. ("How are you my friend" song 들려준다.) L: How is the song? C: 좋아요. / 안 좋아요. I'll teach you the motions. Stand up! Do you know "우리 집에 왜 왔니?" C: 네. / 아니요. L: We need to make 2 lines facing each other like when we do "우리 집에 왜 왔니?" (아이들이 서로 마주보고 두 줄로 서도록 하고 동작을 설명한다.) L: Ok. Let's sing the "How are you my friend" song. Music starts! ("How are you my friend" 노래에 맞추어 활동해 본다. 추후에 아이들이 노래에 익숙해지면 'my friend' 대신 아이들의 이름을 넣어서 노래불러 본다.) L: How's the weather today? C: Sunny. L: Right, it's sunny and very hot. (손으로 부채 부치는 모양)

Procedures	Contents
Development	L: It's really hot today. I changed my clothes but I'm still feeling hot. T: I'm also feeling hot. (더운 제스처-손으로 부채 부치기) Ah! I have a good idea. How about making an ice cream together? (아이스크림 사진을 보여 준다.) (아이들을 바라보며) Do you want to make an ice cream with Leo? C: Yes. / No. / 나 아이스크림 좋아해요. / 엄마가 아이스크림 먹지 말랬어요. T: OK. Let's move to the tables to make ice creams. (테이블로 이동한다.) T: Here is some colored flour dough. I have beige flour dough. What would it taste like? C: 바닐라. / 우유 맛. T: I have pink flour dough. What would it taste like? C: 딸기 맛. T: I have black flour dough. What would it taste like? C: 초콜릿 맛. (각 테이블에 밀가루 반죽 놓아 주고 충분히 탐색할 수 있는 시간을 준다.) T: Let's knead the dough. (밀가루 치대는 제스처 보여 주면서) Let's stretch the dough. (밀가루 죽 잡아당기는 제스처 보여 주며) Let's cut the dough into small pieces. (반죽을 작은 조각으로 나누어 보며) Let's put them together and make it one big mass. T: OK, now we need a cone to make an ice cream. (그림의 콘 부분을 가리키며) Tara~. Here are some cones. (아이들에게 나누어 준다.) T: I will make a strawberry ice cream so I will use pink flour dough. You can make chocolate flavor, vanilla flavor or mixed flavor ice cream. Which flavor do you like best? C: 딸기 맛. / 바닐라 맛. / 초콜릿 맛.

Procedures	Contents
Development	T: Make it round and round like a ball! And put it on the cone. (시범을 보이면서) Then you can decorate the ice cream with toppings. (아이들이 아이스크림 콘을 만들고, 토핑으로 장식할 시간을 준다.) T: Wow! Now I have a yummy ice cream. Let's smell the ice cream. (냄새 맡는 제스처) It smells good. T: Let's eat the ice cream. (먹어 보는 제스처) It's yummy.
Closing	T: Did you enjoy making an ice cream? C: 네. / 아니요. / Yes. / No. T: Me, too. But it's time to say good bye. Let's put the ice cream cone down and sing the "bye bye song" and I'll see you on OO day. ("bye bye song" 들으며 같이 율동해 본다.)

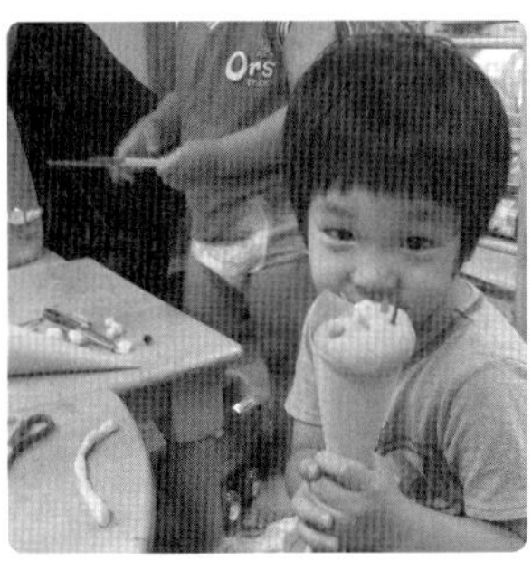

〈반응 및 보완 / 주의 사항〉

Week 1 / Day 1: (1) Fine-motor development and Make-believe play

Title	**Yummy ice cream**
Theme	Summer: summer food (1) ice cream
Objectives	새로운 인사 표현과 노래를 접해 본다. 밀가루 아이스크림을 만들어 보면서 소근육 운동 발달을 돕는다. 아이스크림 만들기를 통한 예술적 경험을 해 보고 가작 놀이를 즐긴다.
Materials	아이스크림 실사 그림, 밀가루 반죽(3색-바닐라, 딸기, 초콜릿), 골판지(노랑 또는 베이지)로 만든 콘, 아이스크림 토핑(반짝이, 짧게 자른 끈 등)
Words	summer, ice cream, dough, knead, stretch, cut, yummy
Expressions	It's hot. / Let's~ / It's yummy.
반 응	• 만 3세반 새로운 인사 표현 처음 소개 → 원래는 "우리 집에 왜 왔니?" 활동처럼 서로 마주보고 두 줄로 세우려고 했는데, 줄의 맨 끝에 있는 아이들이 자꾸 손을 잡아서 두 줄이 아니라 원처럼 되어버림. 보조교사들의 도움으로 두 줄로 세우고 활동을 마칠 수 있었음. (Tip: 교사가 앉아 있는 유아들을 한꺼번에 일으키려 하여 통제가 더 어려웠음. 그보다는 먼저 한 줄로 세울 유아들의 머리를 짚어 일어나도록 하여 한 줄을 만들어 놓고 맞은편 유아들이 이미 한 줄로 선 유아들을 바라보고 설 수 있도록 머리를 짚어 주는 것이 바람직함. 이때 노래를 불러 가며 머리를 짚어 주는 것도 유아의 흥미를 조금 더 끌 수 있을 것으로 생각됨.) • 메인 활동: 아이들의 반응 / 참여율 높았음. → 아이들이 직접 손으로 해 볼 수 있는 유아주도적인 활동이었고, 이미 비슷한 교구가 영역별 놀잇감으로 제시되어 있던 상황이라서 아이들이 관심 많이 보였음. 특히 만 2세반에서 평소에는 수업에 참여하지 않던 아이들도 거의 다 참여함. • 만 2세반 교실에 이미 준비해 간 아이스크림 사진과 똑같은 그림이 놀잇감으로 비치되어 있었음. 아이들이 알아차리고 사진을 가지고 와서 똑같다고 보여 줌. • 주교사가 세 테이블로 나누어 앉은 대그룹의 아이들을 상대로 활동을 제시하기가 힘들어 테이블을 계속 옮겨 다니면서 활동 제시함. (Tip: 그룹을 나누어 유아들이 직접 활동을 하는 경우는 주교사의 역할보다는 보조교사가 각 테이블의 주교사로 활동하는 것이 더욱 효과적임. 주교사와 보조교사가 수업 전에 활동계획안을 공유하여 본 활동을 통하여 알려주고자 하는 단어를 중점으로 소그룹 활동으로 진행하는 것이 더욱 바람직함.)

반 응	• 만 2세반 HM → 평소에 거의 활동에 참여하지 않았는데(자석으로 나비잡기, 곤충잡기 등 다른 놀잇감에만 집중), 만들기 활동에 큰 관심. 물어도 대답도 하지 않고, 수업이 끝났는데도 계속 아이스크림 위에 토핑처럼 얹으라고 제시한 꾸미기 재료로 아이스크림 꾸밈. • 만 2세반 SY → 평소에 부끄러움을 많이 타서 활동에 거의 참여하지 않고 적당한 위치에서 관찰만 했었는데, 이번에는 직접 활동에 참여해서 아이스크림 만들기 활동함. 활동 후에 집에 가지고 가서 엄마 보여 준다고 해서 담임교사가 비닐봉투에 넣어 보관해 줌. (그 다음 시간에 아이스크림을 엄마께 보여 드렸는지 물었더니, 잃어버려서 집에 가져가지 못했다고 함.) • 만 2세반 JH → 혼자만 활동을 하지 않고 블록영역에 있었음. 다가가서 활동하자고 제의했는데 조금 하다가 금세 다시 블록영역에 혼자 앉아 있었음. 수업을 마치고 가서 어떤 아이스크림을 제일 좋아하는지 등에 관해 물었는데, 신나게 이야기하면서 교사의 무릎을 베고 눕는 등 스킨십 함.
보완/주의사항	• 활동의 목적을 잃지 않는 것이 중요함. 특히 만들기 활동은 아이들이 무척 즐거워하지만 자칫하면 활동의 목적이나 핵심 포인트를 놓치고, 아이들이 활동하는 것 자체에만 집중할 수 있음. • 만 3세반은 인원이 너무 많아서 활동을 하는 데 어느 정도 제약이 있음. 특히 교사가 활동방법을 제시할 때 아이들의 집중을 유도하기 어려움. 보조교사들의 도움이 많이 필요함. → 향후 각 테이블별로 진행되는 활동을 할 때, 주교사가 활동에 대한 지시를 내리면(**e.g.** Let's stretch the dough.) 각 테이블을 담당하는 보조교사가 주교사의 지시를 듣고 아이들에게 표현을 반복해 주면서 테이블 내에서 의도했던 활동이 이루어지도록 하는 것이 좋을 듯함. • 개인활동이긴 하였지만, 그룹 자체 인원이 많다 보니, 지시사항을 전달하고, 아이들의 주의를 모으려고 자꾸 한국어를 많이 쓰게 되었음. 한국어와 영어의 비율을 적절히 유지하는 것이 필요함. ★ 풀잎반의 유아들의 경우 영어시간에는 대체적으로 말을 하지 않으려는 경향을 보임(영어로 물어보면 대답을 잘 하지 않는 경향이 강함). 소그룹 활동을 통하여 영어교사와 유아의 일대일 상호작용을 통하여 래포관계를 형성하는 것이 중요한 것으로 생각됨(예: 활동은 아이스크림콘 만들기였으나 풀잎반 유아의 경우 밀가루로 생일케이크를 만들고 꾸미기 재료로 촛불을 꽂아 불기 활동을 반복함 — 교사가 상황의 변화를 잘 파악하여 유아가 흥미를 보인 활동에서 새로운 표현을 배울 수 있도록 기회를 만들어 주는 순발력이 중요함).

PAF 예시 2

표준보육과정 '가을'이라는 주제를 가지고 원어민 교사와
샌드위치 만드는 활동 → 문화의 소개

〈가정통신문〉

Week 1 / Day 1: (1) Practice for learning with a native teacher: Creative activity

Title	**Yummy sandwich**
Theme	Event: Creative cooking
Objectives	원어민 교사와 함께 즐거운 요리놀이 경험을 해 본다. 스스로 만든 샌드위치를 먹어 보면서 성취감을 느껴 본다.
Materials	bread, ham, cheese, cucumber, strawberry jam
Words	bread, ham, cheese, cucumber, strawberry jam
Key Expressions	Put the (ham, cheese, etc) on the bread. It's yummy.
Books / songs	Routine songs

■ New songs

1. How's the weather (chant)
2. What's your favorite season?
3. What do you want to be?

■ New books

1. My friends (Taro Gomi)
2. Do you want to be my friend? (Eric Carle)
3. Bugs! Bugs! Bugs!
4. Jobs people do (Felicity Brooks)

■ 인터넷 커뮤니티

더 많은 관련주제 그림책에 대한 정보나 수업시간에 배우는 노래의 다운로드는 인터넷 카페를 참고해 주세요.

(카페 가입 질문: 현재 실시되고 있는 영어 프로그램의 이름은? 답: KH SEPYC)

가을입니다. 아무리 봄, 가을이 짧아졌다고는 하지만 서늘해진 날씨, 색이 변하는 나뭇잎, 높아지는 하늘을 보면서 가을이 왔음이 느껴지네요. 지난달은 가족이라는 주제로 아이들과 수업을 진행했습니다. 초롱반은 이제 dad, mom, sister 등의 쉬운 가족 구성원의 이름은 영어로 말할 수 있는 아이들도 많이 있네요. 어떤 아이들은 grandma, grandpa, uncle, aunt 까지 말할 수 있는 친구들도 있고요. 아이들이 성장하는 모습을 보면 참으로 대견합니다. 10월 달에는 '가을' 이라는 주제와 '주변의 사람들' 이라는 주제로 함께하려고 합니다. 아이들이 즐겁게 영어 수업에 참여하고, 영어에 더 익숙해질 수 있도록 위에 알려드린 인터넷 카페에 가입하셔서 노래도 들려 주시고, 주간 계획안의 'Key Expression' 도 반복적으로 사용해 주세요. 일교차가 심한 관계로 감기 걸린 아이들이 많이 보이네요. 학부모님들도 감기 조심하시고 10월 한 달도 많은 협조 부탁드립니다.

Lesson Plan 1: Practice for learning with a native teacher: Creative activity

Title	**Yummy sandwich**
Theme	Event: Creative cooking
Objectives	원어민 교사와 함께 즐거운 요리놀이 경험을 해 본다. 스스로 만든 샌드위치를 먹어 보면서 성취감을 느껴 본다.
Materials	bread, ham, cheese, cucumber, strawberry jam
Words	bread, ham, cheese, cucumber, strawberry jam
Key Expressions	Put the (ham, cheese, etc) on the bread. It's yummy.
Songs & Books	Routine songs
Procedures	**Contents**
Warm up	• Routines 1. Hello / How are you? 2. Weather 3. Days 4. Feeling
Development	T: It's fall. So it's cool and you can see the red and yellow leaves on the street. You went on a picnic, last thursday. So we had no English class. Where did you go? C: OO 다녀왔어요. T: How was it? Was it fun? C: 네. / 아니요. / 재미있었어요. T: Did you bring your lunch? C: 네. T: What did you bring? C: 김밥이요. / 주먹밥이요. T: When I go on a picnic, I make sandwich in USA. Who have made sandwich before? C: 저 만들어 본 적 있어요. / 안 만들어 봤어요. T: How about making sandwich together like we go on a picnic. C: 좋아요. / 싫어요. / 신난다. T: Let's go to the table. (테이블로 이동) 〈Procedures〉 1. bread – Take 2 pieces each. Explore (smell, touch). 2. jam – Spread jam on the bread. 3. ham, cheese, cucumber – Put on the bread. 4. Put the bread together.
Closing	• Routines 1. Good bye

〈반응 및 보완 / 주의 사항〉

Title	**Yummy sandwich**
Theme	Event: Creative cooking
Objectives	원어민 교사와 함께 즐거운 요리놀이 경험을 해 본다. 스스로 만든 샌드위치를 먹어 보면서 성취감을 느껴 본다.
Materials	bread, ham, cheese, cucumber, strawberry jam
Words	bread, ham, cheese, cucumber, strawberry jam
Key Expressions	Put the (ham, cheese, etc) on the bread. It's yummy.
Songs & Books	Routine songs
Note	1. 재료는 한 번에 노출시키지 말고 순서대로 차례로 내놓아서 아이들이 충분히 샌드위치 만들기의 한 단계를 마무리하고 다음 단계로 넘어가도록 한다. 2. 각 테이블의 보조교사들은 주교사의 지시를 잘 듣고, 테이블 내에서 영어로 반복해 준다.
반 응	1. 즐겁게 참여하기는 하였으나 다소 소란스러웠음. (요리 활동의 특성상 유아들의 소란스러움은 당연한 것으로 생각됨. 단, 교사가 요리 활동을 하기 전에 요리 활동을 하면서 주의할 사항에 대해 아이들과 함께 생각하며 이야기해 보는 시간이 필요함.)
보완점	1. 잼, 숟가락 등의 재료 및 도구가 충분하지 않아서 아이들이 자유롭게 재료를 탐색할 수 없었음. 재료와 도구는 넉넉하게 준비하기. 2. 오이, 치즈, 빵 등을 크기에 알맞게 잘라 놓는 등의 재료 준비가 생각보다 오래 걸림. 준비하는 데 시간이 많이 필요한 활동들은 보조교사들에게 미리 공지해 일찍 와서 준비를 돕도록 요청하기.

PAF 예시 3

표준보육과정 '가을'이라는 주제를 가지고
'가을 나무' 만드는 대그룹 활동

Week 2 / Day 1

Lesson Plan 3: Physical activity (Gross & Fine motor)

Title	**Fall palm trees**
Theme	Seasons: Fall (2) Leaves
Objectives	자신의 신체를 통해서 예술작품을 만들어 본다. 공동 작업을 통해 협동심을 기른다.
Materials	줄기만 그려진 나무그림(전지크기), 물감, 단풍잎
Words	palm, tree, leaf(leaves), maple
Key Expressions	Let's stamp palm prints. What color is it?
Songs & Books	Routine songs, How's the weather(chant)
Procedures	**Contents**
Warm up	• Routines 1. Hello / How are you? 2. Weather(+chant) 3. Days 4. Feeling
Development	T: What's this~ what's this~ what's this~ what~ what? It's a leaf, it's a leaf, it's a yellow leaf. C: 나뭇잎이다. / 단풍잎이다. T: It's a maple leaf. How is it? C: 예뻐요. T: Have you seen maple trees? C: 네. / 아니요. / 지난번에 봤어요. T: What colors were the leaves? C: 노란색. / 빨간색. / 주황색. / 알록달록. T: What does this look like? C: (다양한 대답) / 손.(이라 대답하기 기대 – 대답 안 나오면 힌트를 준다.)

Procedures	Contents
Development	T: Right. It looks like a hand. (나무그림 보여 주며) Here is a tree. But look at this. It looks strange. C: 잎사귀가 없다. T: Right, it doesn't have any leaves. Why don't we make leaves with our hands for the tree? C: 좋아요. / 네. T: (한 그룹에 7명씩 보조교사 지도하에 소그룹으로 나누고 자리 정해 줌.) Ok, Are you ready to make palm leaves? Are you ready? C: Yes. I'm ready! T: (시범 보인다.) I like red color. Put your palm on the color then stamp it on the tree. How is it? Does it look like a leaf? C: 네. / 우와! 나뭇잎 같다. T: I'll give you colors now. Let's make a beautiful tree. (활동을 시작한다.) T: Ok, Everybody let me see your tree. Wow, they are so beautiful. They really look like maple trees.
Closing	• **Routines** 1. Good bye

〈반응 및 보완 / 주의 사항〉

Title	Fall palm trees
Theme	Seasons: Fall (2) Leaves
Objectives	자신의 신체를 통해서 예술작품을 만들어 본다. 공동 작업을 통해 협동심을 기른다.
Materials	줄기만 그려진 나무그림(전지크기), 물감, 단풍잎
Words	palm, tree, leaf(leaves), maple
Key Expressions	Let's stamp palm prints. What color is it?
Songs & Books	Routine songs, How's the weather(chant)
반 응	1. 즐겁게 참여하였으나 다소 소란스러움. 2. 기대했던 대로 손바닥을 찍어서 잎사귀 모양을 만들어 내는 아이들이 있는 반면에 손으로 나무를 문지르거나 다른 장난을 치는 아이들도 있었음.
보완점	1. 물감이 너무 묽어서 흘러내렸고, 휴지를 물감통 바닥에 깔았더니 녹아버림. 휴지 위에 흰색의 펠트지를 덧대는 것이 필요함. (물감 작업은 항상 농도가 매우 중요함. 미리 분무기와 붓, 걸레 등을 함께 준비해서 그때 그때 농도를 조절하여 유아들이 마음껏 표현할 수 있도록 해야 함. 2. 소그룹으로 나누기는 하였으나, 한 교실에서 조형작업을 하기에는 인원이 너무 많음. 교사가 그룹별로 돌아다니기는 하나 영어로 상호작용할 수 있는 시간이 부족함. 3. 협동작업의 경우 유아들에게 소개해 줄 때 함께 만들어서 한 작품을 완성해야 한다는 공동체 의식을 한 번 언급해 줄 필요가 있음. 또한 활동이 끝난 뒤 작품을 감상하는 데 그치는 것이 아니라 반 아이들이 모두 함께 참여하여 완성된 것의 중요성에 대해 다시 한 번 언급해 주기. 4. 유아들의 그룹이 두 그룹으로 나누어져 큰 전지에 찍는 활동을 하다 보니 손이 안 닿아 참여하기 힘든 유아도 생김. → 전지를 4장으로 만들어 그룹을 좀 더 나누어 유아 본인이 찍고 싶은 곳에 원활히 찍을 수 있도록 준비하는 것이 나을 듯함. 5. 협동작품을 교실에 전시하기로 했으므로 다음 시간에 교사가 교실에 전시된 작품을 유아들과 한 번 더 보는 시간 갖기. 예) 와~ 저번 시간에 초롱반 아이들이 모두 함께 만든 나무가 저렇게 멋있게 걸려 있구나.

PAF 예시 4

표준보육과정 '가을'이라는 주제를 가지고
가을 나뭇잎을 이용해 친구 얼굴 만드는 활동

Week 4 / Day 2

Lesson Plan 8: Art activities

Title	**My friend**
Theme	People around me: Friends
Objectives	친구의 얼굴을 다양한 가을 자연재료로 꾸며 본다.
Materials	가을재료(나뭇잎, 도토리 등), 뜨개질 실, 친구 얼굴 형태 그려진 도화지, 풀, 양면 테이프, 교사의 친구 사진
Words	friend, leaf, nut
Key Expressions	Who is your favorite friend? Where will you paste that leaf(nut, etc)?
Songs & Books	Routine songs, How's the weather(chant)
Procedures	**Contents**
Warm up	• Routines 1. Hello / How are you? 2. Weather(chant) / fall chant 3. Days 4. Feeling
Development	T: What's this? What's this? What's this? What? What? C: 사진이다. T: Right, this is my friend's picture. We took this picture when we went to OO. She is my favorite friend. T: Do you have friends? C: 네. / OO가 친구에요. T: OK, C1, who is your favorite friend? C1: C2가 제일 좋아요. T: Now I have paper, beautiful leaves and some nuts. How about making favorite friend's face with these materials. C: 좋아요.

Procedures	Contents
Development	T: Are you ready? C: 네. / Yes, I'm ready. T: Let's go to the table. (테이블로 자리 이동) Use the tape to stick the materials. (준비한 재료들을 가지고 친구 얼굴을 꾸며 보도록 한다. 교사는 who's face are you drawing? Who is your favorite friend? Where will you paste that leaf? 등의 주제를 가지고 개별적으로 또는 테이블별로 이야기 나눈다.) T: Did you finish making friend's face? C: Show me your picture. You did a really good job.
Closing	• **Routines** 1. Good bye

〈반응 및 보완 / 주의 사항〉

Title	**My friend**
Theme	People around me: Friends
Objectives	친구의 얼굴을 다양한 가을 자연재료로 꾸며 본다.
Materials	가을재료(나뭇잎, 도토리 등), 뜨개질 실, 친구 얼굴 형태 그려진 도화지, 풀, 양면 테이프, 교사의 친구 사진
Words	friend, leaf, nut
Expressions	Who is your favorite friend? Where will you paste that leaf(nut, etc)?
Songs & Books	Routine songs, How's the weather(chant)
반 응	1. routine 활동으로 날씨를 물어볼 때 교사의 선창 없이 챈트와 동작으로 대답하는 아이들도 있음. 수업 시간마다 반복한 효과가 있는 듯함. 2. 친구의 얼굴을 꾸미기로 했는데, 엄마 얼굴 또는 자신이 꾸미고 싶은 다른 것을 꾸미는 아이들도 있었음. 3. 풀잎반 아이들은 활동이 진행되지 않아서 준비한 낙엽을 탐색하는 활동으로 전환함.
보완점	1. 아이들이 아침 산책을 하면서 직접 낙엽을 몇 개 주워 오도록 하고 그 낙엽을 활동에서 사용하면 아이들이 활동을 더 흥미로워하고 관심 있어 할 듯함. 아이들의 일과와 관련해서 활동을 연계시키는 방법에 대해서 생각해 볼 필요가 있음. 2. 조형 활동 전에 '친구'에 대한 개념을 좀 더 구체적으로 유아들이 이해할 수 있도록 언급하는 것이 필요함. 또한 유아들이 조형 활동을 할 때 어떤 친구의 얼굴을 표현하는 것이 교사들이 상호작용해 주며 먼저 완성된 작품을 다른 유아들에게 보여 주는 것도 동기 유발이 될 것임. 예) 교사: OO는 어느 친구 얼굴이야? 얘들아 OO는 □□ 얼굴을 만들었대. 어디 □□랑 정말 닮았는지 보자.

PAF 예시 5

표준보육과정 '겨울'이라는 주제를 가지고 겨울에 입는 옷에 관한 다양한 의복의 영어명칭을 챈트를 통해 배워 보는 활동

Week 1 / Day 2

Lesson Plan 2: Daily routine

Title	**Outside is cold**
Theme	Season: Winter
Objectives	계절의 변화(자연탐구)에 따른 바른 의생활에 대해 이야기해 본다. 겨울에 입는 다양한 의복의 영어명칭 및 관련 챈트를 배워 본다.
Materials	겨울 의복(모자, 목도리, 장갑, 코트, 부츠, 마스크, 귀마개) 실물, 옷 입히기 교구
Words	hat, muffler, gloves, coat, boots, mask, earmuff
Key Expressions	Put on a hat(muffler, gloves, etc). / take off a hat(muffler, gloves, etc) / It's warm.
Songs & Books	Routine songs, Winter clothes chant
Procedures	**Contents**
Warm up	• Greeting / weather 1. Hello/How are you? 2. Weather / Season 3. Days / Dates 4. Feeling
Development	T: Did you see the trees on the street? C: 네. / 아니요. T: Could you find any leaves left on the trees? C: 나뭇잎이 다 떨어져 버렸어요. / 조금밖에 안 남았어요. T: Right. And how's the weather? C: 추워요. / 바람 불어요. T: Yes, it's getting cold. It's windy. It's winter! It is very cold in winter, so what do we need to wear when we go out? C: 잠바요. / 두꺼운 옷이요. / 장갑. T: Right, we need to put on a coat when we go outside. Otherwise we will get a cold. (인형 옷 입히기처럼 기본 옷만 입고 있는 교구에 코트를 붙여 준다.) T: Put on a coat. Put on a coat. Mmmm~ it's warm. (chant)

Procedures	Contents
Development	T: What else do we need when we go outside? C: 장갑이요. / 목도리요. T: Right, we need a muffler. (머플러 그림 붙이면서) Put on a muffler. Put on a muffler. Mmmm~ it's warm. (chant) (이와 같은 방식으로 다른 겨울 의복들도 붙이면서 chant) T: When we go outside we need to put on a hat, muffler, gloves…. Then what should we do our clothes when we come inside? C: 벗어요. / 정리해요. T: Right, we need to take off clothes. Take off a coat. Take off a coat. (chant) Take off a muffler. Take off a muffler. (chant) (다른 의복도 chant 하면서 하나씩 벗긴다.) T: Good. Now let's practice with our clothes. Let's go to the closet. I need a coat when I go outside. Put on a coat. Put on a coat. (chant 하면서 교사가 시범을 보이고 아이들이 코트를 입으며 chant 따라하도록 하기.) Mmm~, it's warm. (다른 옷가지들도 다 입어 본다.) Wow, it's very warm. We will not get a cold. Now let's take off the clothes. Take off a muffler. Take off a muffler (하면서 다시 옷가지를 벗는다. 이와 같은 방식으로 다른 옷가지들도 벗기).
Closing	• Routines 1. Good bye

〈반응 및 보완 / 주의 사항〉

Title	**Outside is cold**
Theme	Season: Winter
Objectives	계절의 변화(자연탐구)에 따른 바른 의생활에 대해 이야기해 본다. 겨울에 입는 다양한 의복의 영어명칭 및 관련 챈트를 배워 본다.
Materials	겨울 의복(모자, 목도리, 장갑, 코트, 부츠, 마스크, 귀마개) 실물, 옷 입히기 교구
Words	hat, muffler, gloves, coat, boots, mask, earmuff
Expressions	Put on a hat(muffler, gloves, etc) / take off a hat(muffler, gloves, etc) / It's warm
Songs & Books	Routine songs, Winter clothes chant
반 응	1. 그림판 교구의 사용으로 아이들의 흥미 유발 가능함. 2. 챈트를 통해서 표현을 익힐 수 있도록 해서 아이들이 큰 어려움 없이 새로운 표현에 익숙해질 수 있었음. 3. 그림판 교구를 이용하여 용어를 들어본 후 유아들이 실제로 옷을 입어 보는 동작을 마무리 활동으로 함으로써 효과가 높아짐. (동작과 함께 단어를 반복하는 것이 효과가 높음.)
보완점	1. 주제와 관련하여 아이들이 실제 생활에서 직접 경험할 수 있는 일에 대해서는 경험에 대해 직접 이야기할 수 있도록 기회를 주고, 전달하고자 하는 수업의 주제와 아이들의 경험을 연결해 주도록 하기. 2. 간단한 영어 챈트 용어를 반복할 경우 원어민 교사에게 적당한 용어를 한 번 더 검수받는 것으로 방향을 잡는 것이 나을 듯함. (예: put on a muffler ⇒ put on my muffler)

Annual Lesson Plan

Lesson Plans for **March**

Week 1 / Day 1: (1) Greeting(routine activity)

Title	**Hello, everyone!**
Theme	Greeting
Objectives	처음 만나는 영어교사와 익숙해진다. 기본 인사 표현과 이름 묻고 답하는 표현을 익힌다.
Materials	다양한 인종 사진, Leo 손인형
Words	greeting, name
Key Expressions	Hello. / Good bye. What's your name? / My name is~
Songs & Books	Hello Song, Good bye song

Week 1 / Day 2: (2) Greeting(routine activity)

Title	**What's your name?**
Theme	Greeting
Objectives	이름을 묻고 대답하는 방법을 연습해 본다.
Materials	마이크, Leo 손인형, 경희 손인형
Words	lion, name, friend
Key Expressions	What's your name? / My name is~
Songs & Books	Hello song, Good bye song, What's your name?

Lesson Plans for **March**

Week 2 / Day 1: (3) Weather(routine activity)

Title	**What is in the sky?**
Theme	Weather
Objectives	하늘에서 볼 수 있는 것들에 대해 이야기 나눈다. 다양한 날씨에 대해 이야기해 본다.
Materials	하늘 펠트 교구
Words	sun, cloud, rain, wind, rainbow, star, moon
Key Expressions	What is in the sky? / What can you see?
Songs & Books	Hello song, Weather song, Good bye

Week 2 / Day 2: (4) Weather + Item

Title	**Leo's favorite weather.**
Theme	Weather
Objectives	다양한 날씨에 대해 이야기해 본다. 각 날씨와 관련된 사물들에 대해 알아본다.
Materials	날씨 펠트 교구
Words	weather, umbrella, raincoat, rain boots, sunglasses, kite, pinwheel
Key Expressions	How's the weather? / It's sunny(rainy, etc). What do you need on sunny(rainy, etc) day? / I need an umbrella.
Songs & Books	Hello song, Weather song, Good bye

Lesson Plans for **March**

Week 3 / Day 1: (5) Practice for learning with a native teacher: Greeting

Title	**Hello, everyone!**
Theme	Greeting
Objectives	처음 만나는 원어민 영어교사와 익숙해진다. 기본 인사 표현과 이름을 묻고 답하는 표현을 연습해 본다.
Materials	마이크, 다양한 인종 사진, Leo 손인형
Words	greeting, name
Key Expressions	Hello / Good bye. What's your name? / My name is~
Songs & Books	Hello song, Weather song, Good bye, What's your name?

Week 3 / Day 1: (6) Weather

Title	**Let's make a pinwheel**
Theme	Weather: Wind
Objectives	바람개비를 만드는 조형활동을 통해 소근육을 발달시킨다. 바람개비를 돌려 보며 바람이라는 자연현상에 대해 관심을 가진다.
Materials	색종이, 수수깡, 고정핀, 가위
Words	pinwheel, blow, scissors
Key Expressions	How's weather today? It is cloudy and windy! Blow a pinwheel. Wind blows a pinwheel.
Songs & Books	Hello song, Weather song, Good bye

Leo's favorite weather

Lesson Plans for **March**

Week 3 / Day 1: (7) Practice for learning with a native teacher: Weather

Title	**Leo's favorite weather**
Theme	Weather
Objectives	다양한 날씨에 대해 이야기해 본다. 각 날씨와 관련된 사물들에 대해 알아본다.
Materials	날씨 펠트 교구
Words	weather, umbrella, raincoat, sunglasses, kite
Key Expressions	How's the weather? / It's sunny(rainy, etc). What do you need on sunny(rainy, etc) day? / I need an umbrella.
Songs & Books	Hello song, Weather song, Good bye

Lesson Plans for **April**

Week 1 / Day 1: (1) Storytelling

Title	**Spring has arrived!**
Theme	Season: General features
Objectives	봄의 계절적 특징에 대해서 알아본다.
Materials	자체 제작 봄 펠트 교구
Words	spring, flower, butterfly, bee, warm
Key Expressions	What can you see in spring? / I can see ~
Songs & Books	Routine songs

Week 1 / Day 2: (2) Storytelling

Title	**How do seeds grow?**
Theme	Season: Seed
Objectives	씨앗의 성장 과정에 대해 알아본다. 씨앗의 성장에 필요한 요소들에 대해 이야기해 본다.
Materials	자체 제작 씨앗 펠트 교구
Words	seed, sow, sunshine, water, sprout, grow, big, flower
Key Expressions	What do seeds need? / Seeds need ~
Songs & Books	Routine songs

Lesson Plans for **April**

Week 2 / Day 1: (3) Practice for learning with a native teacher

Title	**Spring has arrived!**
Theme	Season: General features
Objectives	봄의 계절적 특징에 대해서 알아본다. 씨앗의 성장과정에 대해 알아본다.
Materials	자체 제작 봄 펠트 교구
Words	spring, flower, butterfly, bee, warm, seed, sow, sunshine, water, sprout, grow, big, flower
Key Expressions	What can you see in spring? / I can see ~ What do seeds need? / Seeds need ~
Songs & Books	Routine songs

Week 2 / Day 2: (4) Sing along

Title	**Seed song**
Theme	Season: Seed
Objectives	씨앗의 성장을 노래로 표현해 본다. 노래를 부르며 긍정적인 정서를 경험한다.
Materials	노래 가사판
Words	sow, seed, sprout, water, flower
Key Expressions	How do you~ ?
Songs & Books	Routine songs, Seed song

Lesson Plans for **April**

Week 3 / Day 1: (5) Observation

Title	**Observing seeds**
Theme	Season: Seeds
Objectives	다양한 종류의 씨앗을 관찰해 본다. 직접 씨앗을 심어 보고 씨앗의 성장과정을 예측해 본다.
Materials	다양한 씨앗들, 지퍼락, 솜, 물
Words	seed, same, different, big, small, shape, color, size, sow, water
Key Expressions	What is different / similar?
Songs & Books	Routine songs, Seed song

Week 3 / Day 2: (6) Physical activity

Title	**I am a seed**
Theme	Season: Seeds
Objectives	이전 수업 때 심은 씨앗의 변화를 관찰해 본다. 씨앗의 성장과정을 몸으로 표현해 보면서 신체 조절 능력을 기른다.
Materials	전 시간 심은 씨앗들, 돋보기, BGM, 모형 해, 물조리개, 그림 자료(바람, 밤, 비)
Words	seed, grow, sprout, ground, water, sun, thirsty, rain, wind, rainbow
Key Expressions	What's happening? / How are you feeling?
Songs & Books	Routine songs, Seed song, BGM(바람소리, 비소리 등)

Lesson Plans for **April**

Week 4 / Day 1: (7) Practice for learning with a native teacher

Title	**What does it change?**
Theme	Season: Seeds
Objectives	씨앗의 성장과정에 대해서 알아본다. 이전 수업 때 심은 씨앗의 변화를 관찰해 본다.
Materials	전 시간에 심은 씨앗, 씨앗 성장과정 사진, 돋보기
Words	seed, grow, different, green
Key Expressions	What does it change?
Songs & Books	Routine songs, Seed song

Week 4 / Day 2: (8) Sing along

Title	**Butterfly**
Theme	Season: Butterfly
Objectives	"나비야" 노래를 들으며 몸으로 나비를 표현해 본다.
Materials	가사판, 보자기, 집게
Words	butterfly, wing, fly
Key Expressions	Let's~like a butterfly.
Songs & Books	Routine songs, Seed song, Butterfly butterfly

Lesson Plans for **April**

Week 4 / Day 2: (9) Storytelling

Title	**Spring is here**
Theme	Season: Spring
Objectives	계절의 변화에 대하여 알아본다.
Materials	"Spring is here" 책
Words	grass, flower, bloom, sprout, melt, grow
Key Expressions	What can you see in this picture?
Songs & Books	Routine songs, Seed song, Butterfly butterfly Book: Spring is here

Lesson Plans for **May**

Week 1 / Day 1: (1) Practice for learning with a native teacher: Storytelling

Title	**Here are my hands**
Theme	Body: Naming and Function
Objectives	다양한 신체 부위의 명칭을 익힌다. 신체 부위가 하는 역할을 이야기해 본다.
Materials	"Here Are My Hands" 책
Words	eye, nose, mouth, ears
Key Expressions	Here is / are my ___________.
Songs & Books	Routine songs / Book: Here Are My Hands

Week 1 / Day 2: (2) Sing along

Title	**Head and shoulders knees and toes**
Theme	Body
Objectives	신체 부위의 명칭을 영어로 익히고 신체 부위의 역할을 안다. "Head and shoulders knees and toes" 노래를 부르며 신체를 움직여 본다.
Materials	전신 그림, 신체 부위 그림 카드
Words	head, shoulder, knee, toe, eye, nose, mouth, eart
Key Expressions	Where is / are your head(nose, eyes, ears...)? What can you do with your eyes(ears, noses...)? I can see(smell, hears...).
Songs & Books	Routine songs, Head and shoulders

Lesson Plans for **May**

Week 2 / Day 1: (3) Team game

Title	**Making a monster face**
Theme	Body
Objectives	신체 부위 명칭을 안다. 팀 게임을 통해 소속감과 즐거움을 느낀다.
Materials	신체 부위 벨크로 그림을 붙인 주사위, 몬스터 얼굴 그림판
Words	eye, nose, mouth, ear, dice
Key Expressions	Cast a dice.
Songs & Books	Routine songs, Head and shoulders

Week 2 / Day 2: (4) Storytelling

Title	**Big eyes**
Theme	Body
Objectives	신체 부위의 역할에 대해 알아본다.
Materials	자체 제작 그림판, 스틱인형
Words	eyes, nose, ears, mouth, big, tree, rainbow, flower
Key Expressions	What can you do? / I can see(smell, say, hear...).
Songs & Books	Routine songs, Head and shoulders, Eyes chant

Lesson Plans for **May**

Week 3 / Day 1: (5) Reasoning

Title	**Going back home**
Theme	Body
Objectives	신체 부위의 역할에 대해 알아본다. 연상을 통해 추론력을 기른다.
Materials	자체 제작 그림판, 스틱인형
Words	eye, nose, ears, mouth, big, tree, rainbow, flower
Key Expressions	Can you help me? / What can you do?
Songs & Books	Routine songs, Head and shoulders, Eyes chant

Week 3 / Day 2: (6) Storytelling

Title	**Things I like**
Theme	Self-awareness: Preference
Objectives	그림책에 흥미를 가지고 이야기를 듣는다. 융판 동화를 통해 그림책의 내용을 다시 이야기해 본다.
Materials	"Things I like" 책 & 융판 동화 자료
Words	painting, bike, sea, sand
Key Expressions	I like ~ing.
Songs & Books	Routine songs, Head and shoulders, Eyes chant Book: Things I like

Lesson Plans for **May**

Week 4 / Day 1: (7) Practice for learning with a native teacher: Art work

Title	**My book**
Theme	Self-awareness and Expression
Objectives	자신이 좋아하는 것들을 미술활동으로 표현해 본다. 자신의 책을 직접 만들어 봄으로써 성취감을 느껴 본다.
Materials	"Things I like" 융판동화, 미리 준비한 My book 틀, My book 샘플, 그리기 도구(크레파스, 색연필 등), 노끈(아이들 작품 완성 후 전시용), 집게
Words	book, draw, crayon, color pencil, paper
Key Expressions	What do you like? / I like OO.
Songs & Books	Routine songs, Head and shoulders, Eyes chant

Lesson Plans for **June**

Week 1 / Day 1: (1) Practice for learning with a native teacher: Storytelling

Title	**Old Macdonald had a farm.**
Theme	Animal: General characteristics
Objectives	원어민 교사의 정확한 발음으로 다양한 동물에 관한 명칭을 익힌다. "Old Macdonald had a farm" 노래를 불러 본다.
Materials	"Old Macdonald had a farm" 책, Macdonald 스틱인형
Words	farm, dog(bow wow), sheep(baa baa), duck(quack quack), pig(grunt grunt), cow(moo moo), horse(whinny whinny)
Key Expressions	Old Macdonald had a farm. / He had a dog(sheep...).
Songs & Books	Routine songs, Old Macdonald had a farm

Week 1 / Day 2: (2) Reasoning development

Title	**Whose baby am I?**
Theme	Animal: Parent-Baby
Objectives	동물의 특징을 관찰해 본다. 어미동물과 아기동물을 연결시킬 수 있다.
Materials	어미동물 / 아기동물 그림카드(Old Macdonald had a farm에 등장하는 동물)
Words	mommy, baby, kitten, puppy, piglet, ducking, calf
Key Expressions	Q: Whose baby am I? / A: I'm a baby dog(pig...).
Songs & Books	Routine songs, Old Macdonald had a farm

Lesson Plans for **June**

Week 2 / Day 1: (3) Reasoning development

Title	**Who am I?**
Theme	Animal: General characteristics(Movement)
Objectives	제시된 동물을 몸으로 표현해 본다. 친구들의 몸짓을 보고 무슨 동물인지 맞추어 보면서 추리력을 발달시킨다.
Materials	동물 그림카드(dog, cat, pig, elephant, duck, lion...), magic box
Words	dog, cat, elephant, duck, pig
Key Expressions	Q: Who am I? / A: I' m a dog(cat, duck, pig...).
Songs & Books	Routine songs, Old Macdonald had a farm

Week 2 / Day 2: (4) Sensory motor and gross motor development

Title	**Baby elephant walk**
Theme	Animal: Elephant
Objectives	코끼리 마스크를 색칠하면서 소근육 발달을 돕는다. 코끼리처럼 걸어보면서 대근육 발달을 돕는다.
Materials	코끼리 마스크 본, 색칠도구, 넓은 고무줄, 아기코끼리 걸음마 음악
Words	mask, nose, long, elephant, walk
Key Expressions	Let' s walk like an elephant.
Songs & Books	Routine songs, Baby elephant walk

Lesson Plans for **June**

Week 3 / Day 1: (5) Practice for learning with a native teacher: Storytelling

Title	**Whose nose and toes?**
Theme	Animal: General characteristics
Objectives	여러 동물의 신체 부위를 보고 어떤 동물인지 맞추어 본다.
Materials	"Whose nose and toes" 책
Words	tiger, elephant, pig, rhino, giraffe, cow
Key Expressions	Q: Whose nose and toes? A: OOO(Tiger, elephant, pig, giraffe...).
Songs / Books	Routine songs

Week 3 / Day 2: (6) Reasoning development

Title	**Where's my home?**
Theme	Animals: Home
Objectives	다양한 동물의 집을 찾아본다. 동물의 집이 서로 다름을 이해한다.
Materials	동물 스틱인형, 동물 집 자체 제작 그림판, magic box
Words	bird, bat, spider, fish, bee, ant, cave, water, nest, web, hive, burrow
Key Expressions	Q: Where do I live? / A: I live in OOO.
Songs & Books	Routine songs

Lesson Plans for **June**

Week 4 / Day 1: (7) Storytelling

Title	**The very hungry caterpillar**
Theme	Animal
Objectives	그림에 흥미를 가지고 그림책을 읽는다. 알에서 애벌레가 태어나 나비가 되는 과정을 이해한다.
Materials	"The very hungry caterpillar", 애벌레 스틱인형, 나비 스틱인형
Words	egg, caterpillar, butterfly, moon...
Key Expressions	What can you see in this picture? / Let's count together.
Songs & Books	Routine songs

Week 4 / Day 2: (8) Storytelling

Title	**The very hungry caterpillar**
Theme	Animal
Objectives	지난 시간 읽은 동화책의 내용을 토대로 '수'와 '요일'에 관해 이야기 해 본다.
Materials	"The very hungry caterpillar", 애벌레 스틱인형, 나비 스틱인형
Words	monday, tuesday, wednesday, thursday, friday, saturday
Key Expressions	On OOO day he ate OOO.
Songs & Books	Routine songs

Lesson Plans for **July**

Week 1 / Day 1: (1) Summer

Title	**When summer comes**
Theme	Summer: General concept
Objectives	여름에 대한 영어표현을 익힌다.
Materials	배경판(실외, 실내, 바닷가), 경희 스틱인형, 아이템 그림(매미, 모기, 선글라스, 부채, 모자, 선풍기, 에어컨, 수박, 참외, 포도...)
Words	hot, rainy, mosquito, sunglasses, hat, fan, motor fan, air conditioner, watermelon, melon, grapes, cherry, plum, beach, sea, swimsuit
Key Expressions	Q: It's hot. What do I need? / A: I need OOO.
Songs & Books	Routine songs

Week 1 / Day 2: (2) Practice for learning with a native teacher: Chant

Title	**Big fish, Little fish**
Theme	Summer: Fish
Objectives	대소 관계에 대한 개념을 익힌다. 물고기의 크기에 따른 움직임을 몸으로 표현해 보며 조절 능력을 키운다.
Materials	물고기 스틱인형
Words	big, little, swim, jump, sleep, sing
Key Expressions	Open one's mouth. Take a bite.
Songs & Books	Routine songs, Fish chant

Lesson Plans for **July**

Week 2 / Day 1: (3) Storytelling

Title	**Hooray for fish**
Theme	Summer: Fish
Objectives	그림책에 흥미를 가지고 이야기를 듣는다. 대상의 대소 관계를 이해하며 비교해 본다.
Materials	"Hooray for fish" 그림책
Words	fish, sea, big, bigger, biggest, swim
Key Expressions	Hello OOO fish. / Q: What can you see? / A: I can see OOO.
Songs & Books	Routine songs, Book: Hooray for fish

Week 2 / Day 2: (4) Art work

Title	**Under the sea**
Theme	Summer: Fish
Objectives	대상의 대소 관계를 이해한다. 물고기를 색칠해 보면서 소근육 운동기술을 발달시킨다.
Materials	물고기 색칠 본, 도화지, 그리기 도구(크레파스, 색연필 등)
Words	fish, little, big, draw, color
Key Expressions	What are you drawing?
Songs & Books	Routine songs, Fish chant

Lesson Plans for **July**

Week 3 / Day 1: (5) Game

Title	**Let's go fishing**
Theme	Summer: Fish
Objectives	눈과 손의 협응력 발달을 돕는다. 게임을 통해 즐거움을 느껴 본다.
Materials	클립을 꽂은 물고기 그림(전 시간 아이들 작품), 낚싯대(나무막대에 끈을 매달고 자석을 부착), 바다처럼 꾸며진 파란색 펠트
Words	fish, catch, fishing rod
Key Expressions	Let's catch OOO fish.
Songs & Books	Routine songs, Fish chant

Week 3 / Day 2: (6) Practice for learning with a native teacher: Storytelling

Title	**Blue sea**
Theme	Summer: Fish
Objectives	원어민 교사의 정확한 발음으로 바닷속 생물에 관해 이야기해 본다. 대상의 대소 관계를 비교해 본다.
Materials	바닷속에 사는 다양한 바다 생물들(물고기, 불가사리, 조개, 게...)
Words	fish, starfish, cram, jellyfish, crab, octopus, shark
Key Expressions	Q: What can you see? / A: I can see OOO.
Songs & Books	Routine songs

Lesson Plans for **July**

Week 4 / Day 1: (7) Art work

Title	**Yummy ice cream**
Theme	Summer: Ice cream
Objectives	밀가루 아이스크림을 만들어 보면서 소근육 운동 발달을 돕는다. 아이스크림 만들기를 통한 예술적 경험을 해 보고 가작 놀이를 즐긴다.
Materials	아이스크림 실사 그림, 밀가루 반죽(3색 - 바닐라, 딸기, 초콜릿), 골판지(노랑 또는 베이지)로 만든 콘, 아이스크림 토핑(반짝이, 짧게 자른 끈 등)
Words	summer, ice cream, dough, knead, stretch, cut, yummy
Key Expressions	It's hot. / Let's ~ / It's yummy.
Songs & Books	Routine songs, Fish chant

Week 4 / Day 2: (8) Play

Title	**One fine summer day!**
Theme	Summer
Objectives	다양한 과일의 영어 이름을 익힌다. 아이들이 직접 동극에 참여하면서 영어로 간단한 대사를 이야기해 본다.
Materials	동극용 머리띠, 과일 그림
Words	watermelon, plum, melon, grapes, cherry
Key Expressions	Q: Who are you? / A: I am OOO.
Songs & Books	Routine songs, Fish chant

Lesson Plans for **August**

Week 1 / Day 1: (1) Daily routine

Title	**Let's make clean face**
Theme	Body & Health
Objectives	기본 생활 습관에 관한 영어표현을 익힌다.
Materials	경희 얼굴판(눈곱 낀 눈, 예쁜 눈, 냄새 나는 입, 깨끗한 입, 헝클어진 머리, 단정한 머리), 수건, 칫솔, 빗
Words	wash, brush, comb, face, teeth, hair, dirty, clean
Key Expressions	Q: Did you OOO(wash, brush) your OOO(face, teeth)? A: Yes, I did. / No I didn't.
Songs & Books	Routine songs, This is the way(new routine)

Week 1 / Day 2: (2) Storytelling

Title	**Scared crocodile scared dentist**
Theme	Body & Health
Objectives	이야기 책을 통해 건강한 치아를 만들 수 있는 습관을 알아본다.
Materials	악어 스틱인형, 치과의사 스틱인형
Words	teeth, scared, brush, dental office, dentist
Key Expressions	Q: Did you brush your teeth? / A: Yes, I did. / No, I didn't.
Songs & Books	Routine songs, This is the way(new routine)

Lesson Plans for **August**

Week 3 / Day 1: (3) Classification

Title	**What is good for our teeth?**
Theme	Body & Health
Objectives	우리의 치아에 좋은 음식과 해로운 음식을 분류해 본다. 다양한 음식에 관한 명칭을 영어로 익혀 본다.
Materials	치아 모양의 자체 교구판, 다양한 음식의 사진
Words	teeth, good, bad, apple, chocolate, ice-cream, cheese, milk...
Key Expressions	Q: Is OOO good for our teeth? / A: Yes. / No. Q: What is good / bad for our teeth? A: OOO is good / bad for your teeth.
Songs & Books	Routine songs, Brushing

Week 3 / Day 2: (4) Storytelling

Title	**10 things I can do to help my world**
Theme	Body & Health
Objectives	일상에서 지킬 수 있는 바른 습관에 관한 영어표현을 익힌다.
Materials	"10 things I can do to help my world" 책
Words	can, glass, paper, plastic, help, world, recycling, sort, turn on(off)
Key Expressions	Q: Where does OOO go? / A: It goes OOO.
Songs & Books	Routine songs, This is the way(new routine)

Lesson Plans for **August**

Week 3 / Day 3: (5) Storytelling

Title	**Sorting the recycling**
Theme	Body & Health
Objectives	분리수거에 필요한 표현을 익힌다. 분리수거를 통해 다양한 재질의 재활용품의 영어표현을 익힌다.
Materials	분리수거함, 종류별 재활용 쓰레기, 종류별 단어카드
Words	recycling, plastic, can, paper
Key Expressions	Q: Where does OOO go? / A: It goes OOO.
Songs & Books	Routine songs, This is the way(new routine)

Week 4 / Day1: (6) Classification

Title	**Sorting the recycling**
Theme	Body & Health
Objectives	분리수거를 통해 다양한 재질의 재활용품의 영어표현을 익힌다.
Materials	전단지, 활동지, 종류별 단어카드
Words	recycling, plastic, can, paper
Key Expressions	Q: Where does OOO go? / A: It goes OOO.
Songs & Books	Routine songs, This is the way(new routine)

Lesson Plans for **August**

Week 4 / Day 2: (7) Practice for learning with a native teacher

Title	**What do you do, when you wake up ?**
Theme	Body & Health
Objectives	기본 생활 습관에 관한 영어표현을 익힌다.
Materials	경희 얼굴판, 수건, 칫솔, 빗
Words	wash, brush, comb, face, teeth, hair, dirty, clean
Key Expressions	Q: Did you OOO(wash, brush) your OOO(face, teeth)? A: Yes, I did. / No, I didn't.
Songs & Books	Routine songs, This is the way(new routine)

Week 5 / Day 1: (8) Practice for learning with a native teacher: Storytelling

Title	**10 things I can do to help my world**
Theme	Body & Health
Objectives	일상에서 지킬 수 있는 바른 습관에 관한 영어표현을 익힌다.
Materials	자체 제작 그림 자료
Words	can, glass, paper, plastic, help, world, recycling, sort, turn on(off)
Key Expressions	I remember to OOO(switch off, turn off...).
Songs & Books	Routine songs, This is the way(new routine)

Lesson Plans for **September**

Week 1 / Day 1: (1) Cognition development

Title	**I want to be a(an) ○○○**
Theme	People around me: Jobs
Objectives	다양한 직업의 영어명칭에 친숙해진다. 직업에 따라 하는 일이 무엇인지 안다.
Materials	직업 사진 펠트동화로 엮은 것(의사, 경찰, 소방관, 선생님, 요리사, 운전사, 미용사 등), 경희 막대인형
Words	doctor, policeman, firefighter, teacher, cook, driver, hair dresser
Key Expressions	Who (S)he is? / (S)he is a doctor(police man, etc). Who can help me? / What do you want to be?
Songs & Books	Routine songs, What do you want to be?

Week 2 / Day 1: (2) Storytelling and Matching

Title	**Whose hat?**
Theme	People around me: Jobs
Objectives	우리 주변에서 도움을 주는 다양한 직업에 대해 이야기해 본다.
Materials	자체 제작 교구
Words	farmer, cook, clown, police officer, firefighter
Key Expressions	Who am I? / I am ________. / Whose hat?
Songs & Books	Routine songs, How's the weather(chant), What do you want to be?

Lesson Plans for **September**

Week 2 / Day 2: (3) Storytelling & Matching

Title	**Job**
Theme	Whose tools?
Objectives	우리 주변에서 도움을 주는 다양한 직업에 대해 이야기해 본다. 직업과 특정 도구에 관해 이야기해 본다.
Materials	다양한 상황의 그림판, 스틱인형
Words	nurse, singer, cook, teacher, police officer, firefighter
Key Expressions	He(she) is _______. / He(she) needs _______.
Songs & Books	Routine songs

Week 3 / Day 1: (4) Practice for learning with a native teacher

Title	**I want to be a ○○**
Theme	People around me: Jobs
Objectives	원어민 선생님과 지난 시간 배웠던 직업의 영어 명칭을 익혀 본다. 원어민 선생님과 함께 다양한 직업에 관한 노래를 불러 본다.
Materials	직업 사진 펠트 동화
Words	doctor, policeman, firefighter, teacher, cook, driver, hair dresser
Key Expressions	Q: Who (S)he is? / A: (S)he is a doctor(policeman, etc).
Songs & Books	Routine songs, How's the weather(chant)

Lesson Plans for **September**

Week 3 / Day 2: (5) Cognition development

Title	**What can I do?**
Theme	Tools
Objectives	도구 사용에 관한 영어표현을 익힌다.
Materials	상황 그림 카드, 매직박스
Words	switch, door, tap, volume, open, close, up, down
Key Expressions	turn on, turn off
Songs & Books	Routine songs

Week 5 / Day 1: (6) Practice for learning with a native teacher

Title	**What can I do?**
Theme	Tools
Objectives	원어민 교사와 함께 정확한 발음으로 도구에 관한 단어를 익힌다. 원어민 교사와 함께 자연스런 상황에서 영어표현을 배워 본다.
Materials	상황 그림 카드, 매직박스
Words	switch, door, tap, volume, open, close, up, down
Key Expressions	turn on, turn off
Songs & Books	Routine songs

Lesson Plans for **September**

Week 5 / Day 2: (7) Storytelling

Title	**Are you a monster?**
Theme	People around us
Objectives	직업에 관한 영어표현을 익힌다.
Materials	Monster, monster 자체 제작 책 / 몬스터 스틱인형
Words	monster, doctor, firefighter, police officer, teacher, mailman
Key Expressions	Q: Are you ~OOO? / A: Not me. I'm OOO.
Songs & Books	"Monster, monster" 자체 제작 책, Routine songs

Lesson Plans for **October**

Week 1 / Day 1: (1) Seasons

Title	**Fall is coming**
Theme	Season: Fall (1) General features
Objectives	계절의 변화를 느껴 보고 가을의 계절적 특징을 알아본다.
Materials	풀벌레 소리, 모형 귀뚜라미, 가을 나뭇잎 그림, 낙엽 그림, 실제 낙엽
Words	fall, cricket, leaf(leaves)
Key Expressions	What season is it? / It's fall. It is cool. / Leaves are falling.
Songs & Books	Routine songs, How's the weather(chant)

Week 1 / Day 2: (2) Seasons

Title	**Fall is here**
Theme	Season: Fall
Objectives	신체기관의 감각을 이용하여 가을에 대한 개념을 형성한다. 신체기관과 가을에 볼 수 있는 것들에 대한 챈트를 익힌다.
Materials	자체 제작 교구, 매직박스, 가을 소리들, 가을 아이템들
Words	eye, nose, mouth, ear, hand, see, smell, hear, taste, feel
Key Expressions	With your eyes(nose, mouth...). What can you see(smell, taste...)?
Songs & Books	Routine songs, How's the weather(chant)

Lesson Plans for **October**

Week 2 / Day 1: (3) Practice for learning with a native teacher

Title	**Fall is here**
Theme	Season: Fall
Objectives	원어민 교사와 함께 정확한 발음으로 가을에 대한 개념을 형성한다. 신체기관과 가을에 볼 수 있는 것들에 관한 챈트를 익힌다.
Materials	자체 제작 교구, 매직박스, 가을 소리들, 가을 아이템들
Words	eye, nose, mouth, ear, hand, see, smell, hear, taste, feel
Key Expressions	With your eyes(nose, mouth...) What can you see(smell, taste...)?
Songs & Books	Routine songs, How's the weather(chant)

Week 2 / Day 2: (4) Greeting

Title	**Good morning**
Theme	Greeting
Objectives	시간 변화에 따른 다양한 인사표현을 익힌다.
Materials	시간 변화를 보여 주는 그림(아침, 점심, 저녁, 밤)
Words	good, morning, afternoon, evening, night
Key Expressions	Good morning(afternoon, evening, night). How are you?
Songs & Books	Routine songs, Good morning chant

Lesson Plans for **October**

Week 3 / Day 1: (5) Practice for learning with a native teacher

Title	**Good morning, afternoon, evening, night**
Theme	Greeting
Objectives	원어민 교사와 함께 시간 변화에 따른 다양한 인사 표현을 익힌다. 원어민 교사와 다양한 인사 표현에 관한 노래를 불러 본다.
Materials	시간 변화를 보여 주는 그림(아침, 점심, 저녁, 밤), 활동지
Words	good, morning, afternoon, evening, night
Key Expressions	Good morning(afternoon, evening, night). How are you?
Songs & Books	Routine songs, Good morning song, Good morning chant

Week 3 / Day 2: (6) Storytelling

Title	**Skip through the season**
Theme	Season: Fall
Objectives	그림책을 바른 자세로 들어 본다. 계절의 변화에 대해 배워 본다.
Materials	"Skip through the season" 그림책
Words	spring, summer, fall, winter
Key Expressions	Q: What can you see? A: I can see OOO.
Songs & Books	Routine songs Skip through the season(Stella Blackstone)

Lesson Plans for **October**

Week 4 / Day 1: (7) Physical activity(Gross & Fine motor)

Title	**Fall palm trees**
Theme	Seasons: Fall (2) Leaves
Objectives	자신의 신체를 통해서 예술작품을 만들어 본다. 공동 작업을 통해 협동심을 기른다.
Materials	줄기만 그려진 나무그림(전지크기), 물감, 단풍잎
Words	palm, tree, leaf(leaves), maple
Key Expressions	Let's stamp palm prints. What color is it?
Songs & Books	Routine songs, How's the weather(chant)

Week 4 / Day 2: (8) Storytelling

Title	**Lots of feelings**
Theme	Expressing my emotions
Objectives	다양한 감정을 표현해 보고 노래로 불러 본다. 감정을 표현하는 단어와 표현에 익숙해진다.
Materials	다양한 얼굴표정 그림(happy, sad, shy, angry)
Words	happy, sad, shy, angry
Key Expressions	I'm happy(sad, shy, angry).
Songs & Books	Routine songs, Good morning song, Good morning chant

Lesson Plans for **November**

Week 1 / Day 1: (1) Various vehicles

Title	**How can I get here?**
Theme	Transportation: General vehicles
Objectives	다양한 교통 수단의 이름을 안다.
Materials	자체 제작 교구
Words	Bus, subway, taxi
Key Expressions	I take a OOO.
Songs & Books	Routine songs

Week 1 / Day 2: (2) Various vehicles

Title	**Traveling to the moon**
Theme	Transportation: General vehicles
Objectives	다양한 교통수단의 이름을 안다. 다양한 교통수단의 쓰임을 안다.
Materials	큰 지도, 다양한 교통수단 사진(도보, 자전거, 오토바이, 택시, 버스, 기차, 비행기, 배, 로켓), 교사 사진
Words	on foot, bicycle, motorcycle, taxi, bus, train, airplane, ship, rocket
Key Expressions	I'm going by a(an) OOO(bus, train, airplane, etc).
Songs & Books	Routine songs

Lesson Plans for **November**

Week 2 / Day 1: (3) Practice for learning with a native teacher

Title	**Traveling to the moon**
Theme	Transportation: Special vehicles
Objectives	다양한 교통수단의 이름을 안다. 다양한 교통수단의 쓰임을 안다.
Materials	지도, 다양한 교통수단 사진, 특수차량 사진(소방차, 구급차, 경찰차, 포크레인)
Words	fire engine, ambulance, police car, wrecker, excavator
Key Expressions	I need an ambulance(police car, fire engine, etc).
Songs & Books	Routine songs

Week 2 / Day 2: (4) Storytelling

Title	**Flying**
Theme	Transportation
Objectives	새로운 영어 노래를 배운다. 영어 노래의 율동을 따라 해 본다.
Materials	"Flying" 책
Words	boarding, ready, take off, airport, river, cities, clouds
Key Expressions	Flying over OOO(airport, highways, rivers, cities, mountains, clouds).
Songs & Books	Routine songs, Rising rising airplane / Book: Flying

Lesson Plans for **November**

Week 3 / Day 1: (5) Art work

Title	**Airplane**
Theme	Transportation: Airplane
Objectives	폐품을 이용해 비행기를 만들어 보면서 소근육 발달을 돕는다.
Materials	휴지심, 두꺼운 종이, 색종이, 풀, 매직, 스카치 테이프, 스티커
Words	Airplane
Key Expressions	Let's make an airplane.
Songs & Books	Routine songs, Rising rising airplane

Week 3 / Day 2: (6) Storytelling

Title	**What should we ride? / How should we get there?**
Theme	Transportation
Objectives	다양한 교통기관을 영어로 말할 수 있다. 교통기관이 어디로 다니는지 알 수 있다.
Materials	육해공 / 우주 그림판, 다양한 교통수단(비행기, 배, 기차, 자동차, 우주선)
Words	boat, airplane, spaceship, car, train
Key Expressions	Q: Where the OOO travels? A: OOO travels on / in OOO.
Songs & Books	Routine songs, Rising rising airplane, The wheels on the bus

Lesson Plans for **November**

Week 4 / Day 1: (7) Practice for learning with a native teacher

Title	**Various vehicles**
Theme	Transportation
Objectives	원어민 교사의 정확한 발음으로 다양한 교통기관의 명칭을 익힌다.
Materials	자체 제작 교구판
Words	bicycle, motorcycle, taxi, bus, train, airplane, ship, boat, rocket
Key Expressions	I'm going by bus(on foot, by train, etc).
Songs & Books	Routine songs, Rising rising airplane, The wheels on the bus

Week 4 / Day 2: (8) Storytelling

Title	**Freight train**
Theme	Transportation: Train (1) storytelling
Objectives	화물열차의 쓰임에 대해 알아본다. 다양한 색깔이름을 안다.
Materials	펠트 그림책(자체 제작)
Words	red, orange, yellow, green, blue, purple, candy, toy, book, flower, driver, monster
Key Expressions	What are inside the red(orange, yellow, etc) train? Candies(toys, books, etc) are inside the red(orange, yellow, etc) train.
Songs & Books	Routine songs, The wheels on the bus

Lesson Plans for **December**

Week 1 / Day 1: (1) Storytelling

Title	**The snowy day**
Theme	Season: Winter
Objectives	계절의 변화를 느껴 보고 겨울의 계절적 특징을 안다.
Materials	"The Snowy Day" 책
Words	winter, snowy, snowsuit, snowman, sled, snowball fight
Key Expressions	Q: How's the weather in winter? A: It is cold(windy, snowy). Q: What can we do in winter? A: We can make a snowman(sled).
Songs & Books	Routine songs

Week 1 / Day 2: (2) Dairy routine

Title	**Outside is cold**
Theme	Season: Winter
Objectives	계절의 변화(자연탐구)에 따른 바른 의생활에 대해 이야기해 본다. 겨울에 입는 다양한 의복의 영어명칭 및 관련 챈트를 배워 본다.
Materials	겨울 의복(모자, 목도리, 장갑, 코트, 부츠, 마스크, 귀마개) 실물, 옷 입히기 교구
Words	hat, muffler, gloves, coat, boots, mask, earmuff
Key Expressions	Put on a hat(muffler, gloves...). Take off a hat(muffler, gloves...).
Songs & Books	Routine songs, Winter clothes chant

Lesson Plans for **December**

Week 2 / Day 1: (3) Practice for learning with a native teacher

Title	**Here comes the snow**
Theme	Season: Winter
Objectives	원어민 교사와 함께 겨울에 관한 그림책을 읽으면서 겨울의 계절적 특징에 관한 영어표현을 익힌다.
Materials	"Here Comes the Snow" 책
Words	snow, coat, boots, mittens, scarf, flake, bright, cold, white, snowball
Key Expressions	Coats on. Boots on. One flake, two flakes. / Here comes the snow.
Songs & Books	Routine songs, Here Comes the Snow(Angela Shelf Medearis)

Week 2 / Day 2: (4) Learning a Christmas carol

Title	**We wish you a Merry Christmas!**
Theme	Winter: Christmas (1) Carol
Objectives	크리스마스와 관련된 새 노래(캐럴송) 배우기를 통해 계절의 변화를 이해한다.
Materials	"We wish you a Merry Christmas" 노래, 가사판
Words	Christmas, new year, song, gift, birthday
Key Expressions	Merry Christmas. Happy new year.
Songs & Books	Routine songs, Winter clothes chant, We wish you a Merry Christmas

Lesson Plans for **December**

Week 3 / Day 1: (5) Practice for learning with a native teacher

Title	**Dear father Christmas**
Theme	Winter: Christmas
Objectives	원어민 교사와 함께 크리스마스에 관한 그림을 보며, 크리스마스에 대해 이야기해 본다.
Materials	"Dear Father Christmas" 책의 그림들, 그 외 크리스마스 관련 그림들
Words	Santa Claus, Christmas, wish list, gift
Key Expressions	Dear Santa. / I wish OO for my Christmas gift.
Songs & Books	Routine songs, Winter clothes chant

Week 3 / Day 2: (6) Art work

Title	**Making Christmas Tree**
Theme	Winter: Christmas
Objectives	크리스마스 트리를 만들면서 다양한 재료의 패턴, 크기, 색깔, 특징에 대해 영어로 이야기해 본다.
Materials	크리스마스 트리 재료, 꾸미기 재료 – 스티커(다양한 패턴, 크기, 색깔), 사인펜, 색연필, 솜, 스팽글, 순서도
Words	Christmas tree, triangle, circle, square, star, red, orange, yellow, green, blue, purple, white, snow
Key Expressions	Q: What do we have to do next? A: Put a OOO(colors & shapes) sticker on the paper. Paste OOO(materials – ex; snow, spangle) with a glue.
Songs & Books	Routine songs

Lesson Plans for **December**

Week 5 / Day 1: (7) Recognition of patterns

Title	**Hats and Gloves**
Theme	Season: Winter
Objectives	기초적인 수과학 지식(패턴 / 규칙성)을 이해한다.
Materials	모자, 장갑 그림 카드, 패턴카드
Words	hat, gloves, next
Key Expressions	Q: What is next? / A: OOO(hat, gloves) is(are) next.
Songs & Books	Routine songs, Winter clothes chant

Week 5 / Day 2: (8) Art work

Title	**New year's promise**
Theme	Winter: New year
Objectives	올바른 생활 습관에 대해 생각해 보며 이야기해 본다. 새해 카드를 만들면서 새해의 다짐에 대해 이야기해 본다.
Materials	흰 도화지, 그리기 도구(연필, 색연필, 크레파스 등), Happy new year 라고 적힌 종이, 아이들 사진, 순서도, 달력
Words	Happy new year / next year / calendar / promise
Key Expressions	Q: What is your new year's promise? A: New year, I promise to _______(new year's promise).
Songs & Books	Routine songs, Winter clothes chant, We wish you a Merry Christmas

Lesson Plans for **January**

Week 1 / Day 1: (1) Storytelling

Title	**Color me happy**
Theme	Feeling and Colors
Objectives	다양한 감정이 있음을 알고 이를 영어로 표현한다. 다양한 감정과 색깔을 연결하여 이를 영어로 표현한다.
Materials	"Colour Me Happy!" 책, 호랑이 스틱인형, 다양한 상황(표정) 카드
Words	feeling, sunny, funny, angry, jealous, brave, sad, bored, dreamy, happy,color, yellow, pink, orange, gray, green, red, purple, rainbow
Key Expressions	Q1: How are you feeling? A1: I am sunny(happy, funny, angry, sad, dreamy). Q2: What color do you want to be colored, when you're OOO? A2: Color me yellow(rainbow, pink, red, blue, purple).
Songs & Books	Routine songs / Book: Colour Me Happy!

Week 1 / Day 2: (2) Rainbow colors

Title	**Rainbow colors**
Theme	Color: Rainbow
Objectives	무지개의 색 이름을 영어로 안다. 주변 사물의 색에 관심을 가지고 다양한 색을 찾아볼 수 있다.
Materials	비 오는 그림, 경희 막대 인형, 무지개 색깔 색지들
Words	rainbow, red, orange, yellow, green, blue, navy, purple
Key Expressions	Q1: What color is this? A1: It is red(orange, yellow, green, blue, navy, purple). Q2: Find red(orange, yellow, green, blue, navy, purple) things. A2: OOO is red(orange, yellow, green, blue, navy, purple).
Songs & Books	Routine songs

Lesson Plans for **January**

Week 2 / Day 1: (3) Shapes

Title	**What is missing?**
Theme	Shapes and Colors
Objectives	다양한 도형의 이름을 익힌다. 우리 주변의 사물이 다양한 도형들로 이루어진다는 개념을 익힌다.
Materials	도형 스틱인형, 뒤 쪽에 벨크로 테이프 붙인 도형들, 그림자료(자동차, 아이스크림, 집, 배, 크리스마스 트리, 꽃)
Words	square, triangle, circle, star, car, ship, ice-cream, flower, house
Key Expressions	Q1: What is this? A1: This is OOO. (ex: square, triangle, circle, star, car, ship, ice-cream, flower, house). Q2: What is missing? A2: OOO is missing.
Songs & Books	Routine songs, Shape song

Week 2 / Day 2: (4) Shapes and Colors

Title	**Creative shape brothers**
Theme	Shapes and Colors
Objectives	다양한 색깔의 도형을 이용해 창의적으로 다양한 모양을 만들어 본다.
Materials	뒤쪽에 벨크로 테이프 붙인 도형들, 도화지, 다양한 색깔의 도형, 풀
Words	shapes, square, triangle, circle, yellow, red, blue, green, purple
Key Expressions	Q1: How's it look like? A1: It looks like OOO.
Songs & Books	Routine songs, Shape song

Lesson Plans for **January**

Week 3 / Day 1: (5) Storytelling

Title	**Go away, Big green monster**
Theme	Shapes and Colors
Objectives	바른 자세로 즐겁게 이야기를 듣는다. 다양한 색깔과 신체 부위의 명칭을 익힌다.
Materials	"Go away big green monster" 책
Words	monster, yellow, bluish-greenish, red, white, purple, green, eyes, nose, mouth, teeth, ears, hair, face
Key Expressions	Go away
Songs & Books	Routine songs / Eyes up(올라간 눈) / Book: Go away big green monster

Week 3 / Day 2: (6) Art work

Title	**Monster mask**
Theme	Shapes and Colors
Objectives	다양한 색깔과 모양의 색지로 괴물 마스크를 꾸며보면서 모양과 색깔에 대한 이해를 갖는다.
Materials	괴물 마스크 원판, 다양한 모양의 색지, 고무줄, 풀
Words	Monster, shapes(square, triangle, circle, etc), colors(red, yellow, green, blue, etc)
Key Expressions	Q1: Are you scared? A1: I'm (not) scared. Q2: What shape is it? A2: It is square(triangle, circle, etc). Q3: What color is it? A3: It is red(yellow, green, blue, etc).
Songs & Books	Routine songs / Eyes up(올라간 눈)

Lesson Plans for **February**

Week 1 / Day 1: (1) Storytelling

Title	**One moose, Twenty mice**
Theme	Number
Objectives	1부터 20까지의 숫자를 영어로 세어 본다.
Materials	"One Moose, Twenty Mice" 그림책, 고양이 스틱인형
Words	One~twenty, cat, moose, crab, ladybird, whale, horse, duck, snake, frog, parrot, tiger, owl, fish, monkey, dog, dolphin, spider, butterfly, elephant, mice
Key Expressions	Q1: How many are they? A1: One, two, three … They are OOO. Q2: Where is the cat? A2: There's a cat.
Songs & Books	Routine songs

Week 1 / Day 2: (2) Numbers and Colors

Title	**10 Little Indian boys**
Theme	Numbering
Objectives	새로운 노래를 통해 영어로 숫자 세는 방법을 배운다. 색깔의 영어 이름을 말할 수 있다.
Materials	인디안 막대인형
Words	Indian, boy, little, black, white, pink
Key Expressions	He is wearing a red(orange, yellow, etc) shirt.
Songs & Books	Routine songs, 10 little Indian boys

Lesson Plans for **February**

Week 2 / Day 1: (3) Numbers

Title	**10 Little Indian boys making a group**
Theme	Numbering
Objectives	게임을 통해 영어 숫자에 익숙해진다. 교사의 지시사항을 잘 듣고 게임의 규칙을 지키는 연습을 한다.
Materials	인디안 막대인형
Words	1~10, group
Key Expressions	Make a group of OOO.
Songs & Books	Routine songs, 10 little Indian boys

Week 2 / Day 2: (4) Numbers and Colors

Title	**White rabbit's color book**
Theme	Colors
Objectives	그림책을 통해 색이 주는 느낌을 표현하는 단어에 대해 익힌다. 색을 혼합했을 때 어떠한 색이 나타나는지 안다.
Materials	"White Rabbit's Color Book" 그림책, 토끼 스틱인형, 워크시트
Words	red, yellow, blue, orange, purple, green, brown, rabbit, tub, shower, sunshine, hot, cool, cold, warm
Key Expressions	OOO and OOO together make OOO.
Songs & Books	Routine songs

Lesson Plans for **February**

Week 3 / Day 1: (5) Numbers and Patterns

Title	**Let's find the other mitten**
Theme	Numbering, pattern, color
Objectives	게임을 통해 자연스럽게 영어로 수를 세어 본다. 게임의 규칙을 익히며 수와 패턴 색깔에 대한 영어표현을 익힌다.
Materials	다양한 색과 패턴의 장갑모양 카드
Words	mitten, yellow, blue ,orange, circle, square, triangle, one~nine
Key Expressions	Where is the other mitten? / Here it is.
Songs & Books	Routine songs

Week 3 / Day 1: (6) Thank you card

Title	**Thank you, teacher**
Theme	Greeting: Give thanks
Objectives	교사에게 직접 꾸민 감사카드를 전달하면서 감사의 표현을 연습한다.
Materials	흰 도화지, 그리기 도구(색연필, 크레파스 등), thank you, I love you 적힌 종이
Words	thank, card, love
Key Expressions	Thank you. I love you.
Songs & Books	Routine songs

4. 정책적, 제도적 조언

앞서 소개한 '유아기 발달에 적합한 초기 영어교육 프로그램'을 적용해 본 결과를 바탕으로 향후 '유아기 초기 영어 프로그램'의 개선점과 바람직한 방향에 대해 논의하고자 한다.

첫째, 유아기 초기 영어교육 프로그램을 현장에 적용하기 위해 필요한 것은 전문적인 교사 양성 및 교사교육 프로그램의 개발이라고 생각한다.

앞서 언급했듯이 유아를 대상으로 하는 교육은 유아 발달의 특수성을 기본적으로 고려하여 계획, 조직, 실행, 평가되어야 하므로 유아나 아동 계열의 전공자들이 다루어야 하는 것이 바람직하다고 생각된다. 그러므로 유아 영어교육을 담당하는 교사들이 유아(아동) 발달, 연령의 특수성에 대한 기본적인 지식을 가지고 유아에게 초기 영어교육을 적용할 수 있도록 대학이나 연구기관에서 유아를 위한 영어 전담 교사를 양성할 수 있는 과정을 개설하는 것이 시급한 문제라고 본다.

유아 영어교육을 담당하고 있는 한국인 교사의 발음과 억양에 대한 체계적인 교정(다양한 상황에 유연하게 대처할 수 있는 회화능력 증진)과 아울러 영어권 문화에 대한 전반적인 이해도를 제고할 수 있는 보다 체계적이고 전문적인 교사교육이 필요하다고 본다.

둘째, 유아기 초기 영어교육의 프로그램을 현장에 적용할 긍정적인 교육적 효과를 높이기 위해서는 발달에 적합한 효과적인 접근법에 관한 지속적인 성찰이 필요하다. 즉, 영유아의 연령적 특성을 고려하여 신체와 감각기관을 활용한 교육 접근 방법(전신반응교수법)과 문학적인 접근법(다양한 스토리텔링 기법)을 통하여 자연스럽게 영어에 노출시키는 것이 효과적일 수 있으며 영유아들의 상상력을 북돋아 이해도를 높이는 데 주력해야 한다는 것이다.

또한 유아의 연령 및 발달에 적합한 교구 · 교재 개발이 필요하다. 유아기는 연령의 특성상 주의 집중 시간이 짧아 유아의 관심을 지속적으로 불러일으키며 수업을 진행하기가 어렵다. 그러므로 유아를 대상으로 하는 초기 영어교육 프로그램을 현장에 적용하여 교육적 효과를 높일 수 있도록 하기 위해서는 유아기 발달에 대한 배경 지식을 가지고 있는 전문적인 영어담당 교사들이 영유아들의 흥미와 관심도를 높이고 지속시키기 위한 다양한 매체를 활용한 교구 · 교재가 필요할 것이다.

유아기 언어교육에 대한 자발적인 동기와 관심을 장려하고 균형적인 언어발달을 위한 효과적인 매체는 다양한 문학적 경험이며, 다양한 문학적 경험을 통해 유아들은 풍부한 언어 표현력과 상상력을 갖게 된다. 따라서 교사와 부모는 자연스러운 영어의 노출을 위해 어린이집 생활주제에 맞추어 한글과 영어책을 함께 비치해 두어 자연스런 문해환경을 조성해 주며, 문학작품을 근간으로 통합적인 문해활동을 계획하는 것이 바람직하다.

셋째, 유아기 초기 영어교육은 현행 교육과정 안에서 중요시되고 있는 다문화교육과 관련되어 영어교육 프로그램을 적용하는 것이 중요하다. 영유아를 대상으로 하는 영어교육은 단순한 언어교육의 측면을 넘어서 우리나라와는 또 다른 나라에 대한 이해의 폭을 넓히며 이는 다문화 시대의 흐름을 긍정적으로 수용하는 데 도움이 되리라 생각된다. 이와 더불어 유아들이 세계시민으로서 성장할 수 있도록 매너교육이나 리더십 교육도 함께 풀어 나갈 수 있는 영어교육 프로그램 개발도 생각해 볼만 할 것이다.

이를 위해서는 학부모들의 영어교육에 대한 발상의 전환이 시급하며 유아기 영어교육의 목표와 기대치를 정확히 짚고 넘어가야 할 필요가 있다. 영유아기 영어교육의 목표와 방향은 미국인과 똑같은 수준의 유창한 영어 구사와 정확한 발음의 구사가 아님을 분명히 해야 한다. 영유아를 대상으로 하는 영어교육은 단순한 영어단어나 문장 암기, 완벽한 발음 구사가 아닌 영어라는 언어를 처음으로 즐겁고 재미있게 접하고 우리와는 다른 문화에 대한 이해와 친근함을 목표로 한다는 그 전제를 항상 생각하는 것이 무엇보다도 중요하다.

마지막으로, 발달에 적합한 유아기 초기 영어교육 프로그램을 접하는 유아기 아이들의 행복지수를 높이면서 영어를 재미있게 배울 수 있는 체계화되고 전문적이며 다양한 영어교육 프로그램의 개발이 필요하므로 위에서는 연구기관과 관련 전문가가 모두 함께 중지를 모아야 할 것이다. 또한 우리나라 유아기 조기 영어교육에 대한 부모와 교사의 의식전환을 위하여 정부 및 관련 부처에서는 유아기 영어교육이 나아가야 할 방향에 대한 사회적 합의를 도출할 수 있는 기회의 장을 제공하는 것이 필요하다. 21세기 글로벌 시대의 국가인재로서 성장하기 위해서는 연령 및 발달에 적합한 유아기 영어교육의 실시 및 효과적인 교수-학습 방법에 관련 학계에 대한 더욱 적극적이고 지속적인 관심과 노력이 그 어느 시기보다 절실하게 요청된다.

5. 부록 – 책 목록

1월 수, 패턴, 색깔, 형용사, 부사

다양한 모양 만들기
(우유, 솜, 이용)

It Looked Like Split Milk
(Charles G. Shaw)

개념 / 패턴

동극

활 동 명 Title	What is this ?
활동목표 Objectives	• 다양한 모양을 영어로 표현하는 법을 익힌다.
활동내용 Content	검은색 도화지 위에 우유를 떨어뜨려 빨대를 이용해 불어 본다. 아이들 각각 다양한 모양을 만든 후 폴라로이드를 이용해 사진을 찍은 후 자신이 만든 모양에 대해 이야기해 본다(혹은 whipping cream이나 솜을 이용해 다양한 모양을 만들어 본다).
주요표현 Key Expression	What does it look like? It looks like ________.

2월 수, 패턴, 색깔, 형용사, 부사

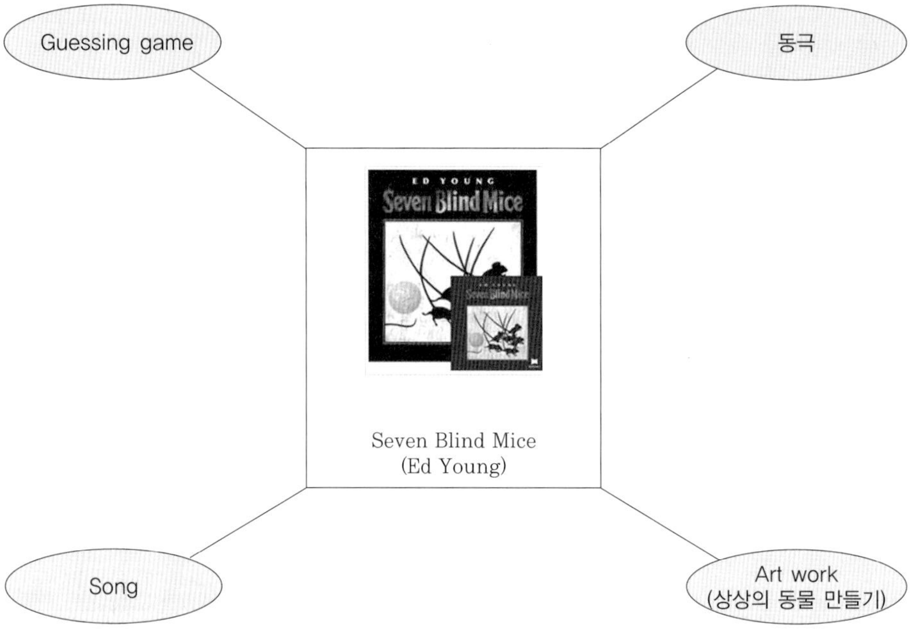

활 동 명 Title	**Guess what?**
활동목표 Objectives	• 색깔에 관한 영어 명칭을 익힌다. • 동물의 어떤 부위인지 예측해 본다.
활동내용 Content	전지에 동물 그림을 그리고 그 위에 종이를 7조각 내어 붙인다. 7명의 Rainbow Group을 만들어 각기 자신이 해당되는 칼라의 부분을 보고 온 뒤 교구판에 그림을 그리며 어떤 동물인지 예측해 본다. 나머지 아이들도 동일하게 활동한다. 교사는 최종적으로 원래 그림의 모양을 보여 준다.
주요표현 Key Expression	I guess, this is ____________.

3월 우리반과 친구

- Art work
- Our class rule 만들기

David goes to school
(David Shannon)

- Classification (Good behavior / Bad behavior)
- Chant

활 동 명 Title	Our class rules
활동목표 Objectives	• 아이들 스스로 수업시간의 올바른 행동에 대해 생각해 본다.
활동내용 Content	아이들과 함께 책을 읽은 후 그림 자료를 통해 Good behavior와 Bad behavior에 관해 이야기해 본다. 아이들과 함께 전지 위에 OO class의 rule을 만들어 본다.
주요표현 Key Expression	With your eyes, Look With your ears, Listen With your mouth, Shh

4월 봄

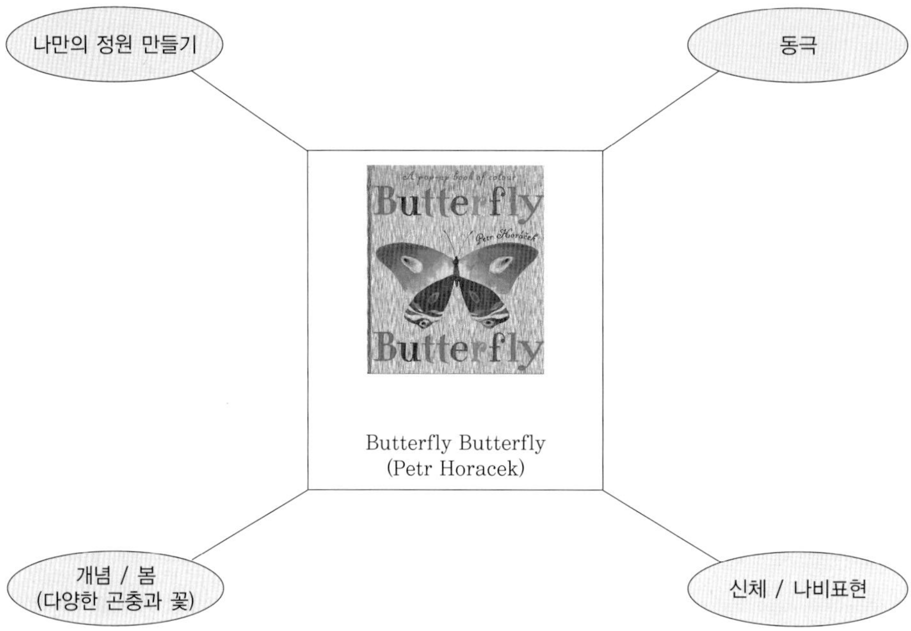

활 동 명 Title	Are you Butterfly?
활동목표 Objectives	• 봄에 볼 수 있는 곤충의 이름을 익힌다. • 동극 활동을 통해 간단한 표현을 영어로 이야기하는 자신감을 기른다.
활동내용 Content	봄에 볼 수 있는 다양한 꽃과 곤충들에 관해 이야기한 뒤 책을 읽어 본다. 책의 내용을 교사가 간략하게 정리해 간단한 스토리를 만들어 다양한 곤충들의 이름과 간단한 대사를 이용해 동극을 해 본다.
주요표현 Key Expression	Are you the butterfly? No, I am OOO.

5월 나와 가족

Making family tree
(가족에 대한 개념)

Art work
(Birthday card)

Bear's Busy Family
(Stella Blackstone)

Birthday song

동극

활 동 명 Title	Birthday party
활동목표 Objectives	• 가족구성원의 명칭을 영어로 배워 본다. • 생일축하 노래를 영어로 익힌다.
활동내용 Content	책 내용을 회상하면서 가족구성원과 그가 준비한 아이템을 매칭시킨 후 아이들도 곰의 생일 축하를 위해 생일 카드를 만든 후 마무리 활동으로 교구판에 곰의 가족과 아이템을 붙인 후 생일 노래를 불러 본다. (모형 케이크도 준비하여 실제 생일잔치의 느낌을 준다)
주요표현 Key Expression	Happy birthday OOO.

6월 동물

노래 (신체 부위)

신체 표현 (다양한 동물)

From Head to Toe
(Eric Carle)

Guessing game (동물카드)

동극

활 동 명 Title	**Who am I ?**
활동목표 Objectives	• 다양한 동물의 특징을 신체로 표현해 본다. • 다양한 동물의 명칭을 영어로 배워 본다. • 다양한 신체 부위 명칭을 익힌다.
활동내용 Content	매직박스 안에 다양한 동물 사진을 넣어두고 아이들이 한 명씩 나와 동물 사진 한 장을 선택해서 그 동물의 특징적인 행동을 신체로 표현하고 나머지 아이들은 신체행동을 보고 어떤 동물인지 맞추는 Guessing game을 진행해 본다.
주요표현 Key Expression	Who am I? / I am OOO. Can you do it? I can do it?

7월 여름

고래 뱃속 그리기

동극

I'm the Biggest Thing in the Ocean
(Kevin Sherry)

개념-물고기 종류

낚시놀이 / 대소관계

활 동 명 Title	고래 뱃속 그리기
활동목표 Objectives	• 다양한 바다 생물의 종류에 관한 영어표현을 익힌다. • 크기에 관한 영어표현을 익힌다.
활동내용 Content	책의 마지막 장면처럼 고래의 뱃속을 상상하고 그려 본다. 다양한 바다 생물의 종류에 대해 먼저 이야기를 해 보고, 어떠한 종류의 바다 생물들이 고래 뱃속에 있을지 상상해 보며 그린다.
주요표현 Key Expression	It's ________(바다 생물). It's big / small.

활 동 명 Title	고래 뱃속 그리기
활동목표 Objectives	• 바다 생물에 관한 영어표현을 말할 수 있다. • 짧은 대사를 직접 말해 보면서 영어로 말하는 것에 자신감을 가진다.
활동내용 Content	책에 나오는 오징어와 바다 생물들을 등장인물로 하여 동극을 진행해 본다. 오징어가 바닷속 생물들을 한 명씩 만나면, 바닷속 생물들이 I am a ____________.라고 이야기한다. 오징어는 I am bigger (than you). 라고 말하고는 다음 바다 생물을 만난다. 마지막에 고래 뱃속에 들어간 후 오징어가 I am the biggest. 라고 말하며 동극은 끝이 난다.
주요표현 Key Expression	I am a __________. I am bigger (than you). I am the biggest.

8월 탈것

비행기 위에서 본 풍경

Flying
(Donald Crews)

비행기를 타고 갈 수 있는 곳들

비행기 타기

활 동 명 Title	비행기 위에서 본 풍경
활동목표 Objectives	• 비행기를 타고 창밖으로 보이는 풍경을 그림으로 표현해 본다. • 비행기가 출발하면서부터 도착하기까지의 과정을 표현해 본다.
활동내용 Content	바다, 육지, 도로, 활주로가 그려진 큰 전지를 준비한다. 전지 위에 비행기 위에서 볼 수 있는 풍경을 그려 넣어 함께 지도를 꾸며 본다. 끝난 후 종이 비행기를 이용하여 활주로에서 출발하여 날아오르는 과정을 표현해 본다.
주요표현 Key Expression	It looks small. Take off. Flying over ________. Down, down, down.

활 동 명 Title	비행기 타기
활동목표 Objectives	• 비행기를 탈 때 필요한 것들에 대해 이야기해 본다. • 비행기를 타는 과정에 대한 영어표현을 익힌다.
활동내용 Content	비행기 내부 모습을 보여주는 교구를 활용하여 출발해서 도착하기까지의 과정에 대해 이야기를 나눈다. 출발할 때는 핸드폰을 끄고, 벨트를 매야 하고, 비행 동안에 볼 수 있는 것들에 대해 이야기를 나눈다. 마지막으로 도착할 때 다시 벨트를 매야 한다는 것에 대해 이야기한다.
주요표현 Key Expression	We need ___________.(준비할 것들) Fasten a belt. Turn off the phone.

9월 건강하고 안전한 생활

깨끗한 지구 만들기

10 Things
I Can Do To Help My World
(Melanie Walsh)

내가 할 수 있는 일 생각해 보기

재활용품을 이용한 만들기

활 동 명 Title	깨끗한 지구 만들기
활동목표 Objectives	• 분리수거의 필요성에 대해 안다. • 분리수거를 하는 방법을 직접 경험해 본다.
활동내용 Content	지구 모양의 부직포 판에 다양한 종류의 재활용 가능한 쓰레기 그림들을 붙여 놓는다. 한쪽에는 분리수거 통 모형을 만들어서 둔다. 쓰레기로 가득해 아파하는 지구를 위해서 아이들과 함께 분리수거를 해 본다.
주요표현 Key Expression	Where can it go? It goes to __________ box.

10월 가을

가을에 수확하는 식물들

The Little Red Hen
(Byron Barton)

동극

빵 만들기

활 동 명 Title	가을에 수확하는 식물들
활동목표 Objectives	• 밀을 심고 수확하여 밀가루를 만드는 과정에 대해 이야기해 본다. • 가을에 수확할 수 있는 식물에 대해 이야기해 본다.
활동내용 Content	밀씨에서 점점 자라 밀이 열리기까지의 과정을 보여 주는 교구를 이용하여 생물의 성장과정과 수확하여 밀가루가 되는 과정을 설명한다. 밀 이외에 가을에 수확할 수 있는 곡식, 과일, 채소 등의 사진도 준비하여 이야기를 나눈다.
주요표현 Key Expression	Plant seeds. Cut stalks of wheat. Thresh wheat. Grin grains of wheat into flour. Make flour into bread.

활 동 명 Title	빵 만들기
활동목표 Objectives	• 빵 만드는 과정을 영어로 이야기해 본다.
활동내용 Content	밀가루 점토를 이용하여 다양한 모양의 빵을 만들어 본다. 먼저 빵 만들기 과정을 순서대로 아이들에게 보여 준다. 재료 그림을 순서대로 매직박스에 넣고 저은 후, 준비해 놓은 밀가루 점토를 꺼낸다. 아이들이 만든 밀가루 반죽을 오븐 모형에 넣고 뚜껑을 닫은 후, 시간이 지나서 뚜껑을 열 때 준비해 둔 빵을 꺼내 준다.
주요표현 Key Expression	Make flour into bread. We need ___________. Knead dough. Put the dough into the oven.

11월 우리의 이웃

나만의 마켓 만들기

To Market To Market
(Rozanne Lanczak Williams)

개념 – 다양한 종류의 마켓들

케이크 만들기

활 동 명 Title	케이크 만들기
활동목표 Objectives	• 챈트를 통해 케이크 만들기에 필요한 다양한 재료의 영어표현을 익힌다. • 마켓에서 볼 수 있는 다양한 것들을 이야기해 본다.
활동내용 Content	케이크 만들기에 필요한 재료를 함께 마트에서 사면서 책에서 반복되는 챈트를 활용한다. 마트에 있는 재료들 중 필요한 것을 하나씩 카트 모형에 붙이면서 아이들과 함께 챈트를 하고, 마지막으로 산 재료를 모두 매직박스 안에 담은 후 흔들어서 케이크 모형을 꺼낸다.
주요표현 Key Expression	We need OOO. chant: To market, to market to buy ________. Put the OOO into the cart. Put the OOO into the box.

12월 겨울

겨울 옷 만들기

눈 오는 풍경 만들기

Here Comes the Snow
(Angela Shelf Medearis)

눈사람 만들기

겨울 옷 입기

활 동 명 Title	겨울 옷 만들기
활동목표 Objectives	• 계절과 날씨의 변화에 대해 이야기해 본다. • 다양한 모양을 이용하여 겨울옷을 만들어 본다.
활동내용 Content	겨울의 날씨와 옷에 대해 이야기를 나눈다. 반팔 옷을 입은 인형 본과 다양한 색깔과 종류의 패브릭과 헌 옷 등을 여러 가지 모양으로 잘라서 준비한다. 다양한 모양의 패브릭을 이어 붙여서 겨울 옷을 만들어 입혀 본다.
주요표현 Key Expression	It's cold. I need ________.

V

참 고 문 헌

교육인적자원부 (2006). 제 8차 유치원 교육과정. 교육인적자원부.

김미나 (2008). 유아 영어교육에 대한 학부모 원장 교사의 인식에 관한 연구. 중앙대학교 교육대학원 석사학위논문.

김선아 (2002). 어머니 변인에 따른 유아조기 영어교육에 관한 인식 조사. 대구가톨릭대학교 교육대학원 석사학위논문.

김성민 (2003). 어린이집에서의 영어교육 실시현황 및 원장의 인식조사. 성신여자대학교 교육대학원 석사학위논문.

김진희 (2006). 유아교육전공 담임교사에 의한 한 · 영 이중언어교육의 효과. 경성대학교 교육대학원 석사학위논문.

김정애 (2004). 유치원 조기영어교육에 대한 교사의 인식 연구. 한국교원대학교 교육대학원 석사학위논문.

곽아정 (1993). 어머니-유아의 상호작용 및 가정의 문해환경과 유아 읽기능력과의 관계. 이화여자대학교 대학원 석사학위논문.

남혜경 (2003). 3, 4세 유아의 이중언어 경험과 상위언어능력. 서울대학교 교육대학원 석사학위논문.

노태용 (2002). 유아교육기관의 영어교육에 대한 학부모와 교사의 인식 연구. 가야대학교 교육대학원 석사학위논문.

마송희 (2008). 유아교육기관 영어교육의 타당성과 바람직한 실천방향. **열린유아교육연구**, 13(4), 221-245.

박혜원, 원영미, 이귀옥 (2003). 중국 조선족과 한국 아동의 읽기교과서 내용분석 생태학적 체계에 따른 가치덕목의 비교. **아동학회지**, 24(4), 55-69.

서소정 (2005). 미국 내 거주하는 한국 국적을 가진 아동의 초기 학교 적응에 관한 연구 -언어발달과 어머니의 영향 중심으로-. **대한가정학회지**, 43(5), 131-147.

서울장애인복지관 (1995). 그림 어휘력검사 (PPVT). 서울: 장애인복지관.

신동주 (2004). 조기영어교육에 대한 현황분석 및 교사 · 학부모 인식에 관한연구. 동국대학교 교육대학원 석사학위논문.

여성가족부 (2006). 표준보육과정. 여성가족부.

여성가족부 (2007). 표준보육프로그램 개발연구. 여성가족부.

우남희, 이종희 (1996). 영어교육 조기화의 문제점 분석. **응용언어학**, **9-10**, 137-152.

우남희, 서유헌, 강영은 (2002). 영유아에 대한 조기 영어교육의 적절성에 관한 연구. 교육인적자원부.

육아정책연구소(2010). 영유아 양육비용에 관한 연구. 2010-01. 육아정책연구소

윤학태 (1997). 언어 습득 이론과 환경적 요소. 동국대학교 대학원 석사학위논문.

이귀옥, 우남희 (2008). 부모변인과 유아의 영어 학습과의 관계연구. **생활과학연구**, 13, 73-82.

이귀옥, 전효정 (2003). 3~5세 아동의 이중언어 경험과 인지능력 및 언어발달에 관한 연구. **아동학회지**, 24(6), 1-14.

이귀옥, 전효정, 박혜원 (2003). 중국 조선족 아동의 한국어-중국어 이중언어 발달과 영향요인에 관한 이론적 고찰과 연구모형. **사회과학연구**, 19(2), 181-213.

이다미(2004). 제2언어 습득: 내재적 언어능력때문인가, 상호작용 때문인가? **이중언어학**, 24, 177-193.

이명조 (1991). 유치원에서의 영어 조기교육. **미래유아교육학회지**, 1, 107-126.

이문정 (1992). 문해환경과 발달에 대한 부모 인식과 유아의 문해인식도. 이화여자대학교 대학원 석사학위논문.

이옥로 (1982). LAD와 조기 영어교육. **영어교육**, 23, 77-91

장유경, 엄윤주 (2003). 유아기 영어학습 경험이 상위언어능력의 발달에 미치는 영향. **한국심리학회지: 발달, 16**(1), 69-81.

정경아 (2009). 유아의 한글 및 영어능력에 관한 변인연구. 경희대학교 교육대학원 석사학위논문.

정주영 (2005). 영어노래와 챈트를 통한 유아 영어교육 실태 연구. 동국대학교 교육대학원 석사학위논문.

조희숙, 이연선 (2005). 조기영어교육 경험정도에 따른 유아의 상위언어능력 및 영어학습 흥미도 비교 연구. 부산대학교 교육대학원 석사학위논문.

좌승화, 천희영, 서현아, 최미현 (2003). 유아 영어교육의 지도방법과 교재에 관한 국내 연구의 경향 및 내용 분석. **유아교육논총, 12**, 17-35.

천희영 최미현 (2002). 유아 영어교육의 현황에 관한 국내 연구 경향 및 내용 분석. **아동연구, 11**, 87-100.

하연희, 천희경 (2005). 유아의 영어교육 시작 연령과 교육기관에 따른 모국어와 사회성 발달, **아동연구, 14**, 35-53.

한유미 (1998). 유아의 모국어 능력, 외국어 경험정도와 상위언어능력 간의 관계. 경희대학교 대학원 박사학위논문.

황혜신 (2004). 조기 영어교육이 유아의 이중언어발달에 미치는 영향. **한국생활과학회지, 13**(4), 497~506.

황혜신 (2007). 유아의 조기영어교육과 이중언어발달에 영향을 주는 요인. **한국생활과학회지, 16**(4), 1~12.

황혜신, 황혜정 (2001). 이중언어를 하는 아동의 언어능력 발달에 관한 연구. **아동학회지, 21**(4), 69-79.

Bandura, A. (1977). *Social learning theory*. Englewood Cliffs, NJ: Prentice-Hall.

Chomsky, N. (1965). *Aspects of the theory of syntax*. Cambridge: The MIT Press.

Duun, D., & Duun, D. (1981). Peabody Picture Vocabulary Test-Revised(PPVT) Manual for forms L and M. Circle Pines, MN: Americal Guidance Service.

Fitzgerald, J., Speigel, D. L., & Cunningham, J. W. (1991). The relationships between parental literacy level and perception of emergent literacy, *Journal of Reading*

Behavior, 23(2), 191-213.

Gass, S. (2003). Input and interaction. In C. Doughty & M. Long (Eds.), The handbook of second language acquisition (pp. 224-255). Malden, MA: Blackwell Publishing.

Goodman, K. (1987). What is whole language? Portsmouth, NH: Heinemann Educational Books, Inc.

Johnson, S. S., & Newport, E. L. (1989). Critical period effects in second language learning: The influence of maturation state on the acquisition of English as a second language. *Cognitive Psychology*, *21*, 60-99.

Krashen, S. D., & Terrell, T. D. (1983). *The natural approach-language acquisition in the classroom.* CA: Pergamon Press.

Seo, S. J., & H. J. Moon (2013). A comparative study of teaching efficacy in pre-service and in-service teachers in Korean Early childhood education and care (ECEC). *Asia Pacific Journal of Teacher Education, 41*(4), 1-14.

Skinner, B. F. (1968). *The technology of teaching.* NY: Appleton-Century Croft.

Vygotsky, L. S. (1986). *Thought and language.* Cambridge, MA: MIT Press.

저자 소개

문혁준: 가톨릭대학교 아동학과 교수

서소정: 경희대학교 아동가족학과 교수

강세향: 경희대학교 생활과학연구소 연구원

청삼아동연구시리즈 23

유아의 연령 및 발달에 적합한 초기 영어교육 프로그램의 실제

초판 1쇄 인쇄 2014년 12월 1일
초판 1쇄 발행 2014년 12월 10일

지 은 이 | 문혁준 · 서소정 · 강세향
펴 낸 이 | 김기섭
책임편집 | 명상완
펴 낸 곳 | 창지사 www.changjisa.com
153-802 서울시 금천구 가산디지털 1로 83 파트너스타워 1차 9층
전화 (02) 719-2211~3
팩스 (02) 701-9386
등 록 | 1977년 4월 28일 · 제1-421호

ISBN 978-89-426-0797-6 93370

값 7,000원

이 도서의 국립중앙도서관 출판예정도서목록(CIP)은 서지정보유통지원시스템 홈페이지(http://seoji.nl.go.kr)와 국가자료공동목록시스템(http://www.nl.go.kr/kolisnet)에서 이용하실 수 있습니다.(CIP제어번호: CIP2014034436)